小堀純子—著

黃立萍—譯

逆算手帳の習慣 ふわふわした夢を現実に変える

從未來寫回來的逆算手帳

利用「想像願景↓計畫↓行動」的反推習慣，讓你目標不失焦、心情不煩躁、做事不拖延

目錄

第2章 逆算第一步，把未來具體化

第3章 逆算第二步，從未來推算回來

第4章 逆算第三步，邊享受邊往前邁進

第5章 看看別人如何成功逆算

好評推薦

「鼓起勇氣去做自己真正喜歡的事情，把時間花在自己喜歡的事情上，用自己擅長的方式將生活記錄下來，寫下屬於自己獨一無二的人生經歷，努力過後的我們終能閃閃發亮。」

——PEI沛芸，《我的無印風文具生活》作者

「凡事倒過來想，先把想做的事情變成核心目標，讓它幫助你專注前行，你會發現夢想實現之日近在眼前！」

——王怡人，JC趨勢財經觀點版主

「以終為始，從未來寫回來的目標必定能達成。」

——林珮玲，筆記女王

「作者已寫出了我每天實際執行的時間管理方法，沒辦法來上課的人，一定要買本書喔！」

——胡雅茹，心智圖天后／學習力訓練師

「如果你過去立定的目標或夢想從來沒達成過，你缺乏的可能是執行方法，這本書可以幫你實現夢想！」

——蔡明淳，明淳說創辦人／講師

「讓寫下的每一劃都成為鋪往未來的枕木，逆算讓你的人生從『走一步，算一步』的徬徨無奈，昇華成『步步精心，勝券在握』的悠然自在。」

——蔡宗翰，打火哥

翻轉學

翻轉學

實證推薦

這些事，原來都能用逆算手帳實現

成功轉職，提升自我實力

「原本我的職場工作運勢還不錯，不過大約從二〇一七年夏天開始，我就持續感覺煩悶、不舒坦。即使如此，我並沒有做出謀職之類的具體行動，但使用逆算手帳時，自己的想法就逐漸獲得了整理，所以才能夠果斷地決定要往下一個挑戰邁進。下定決心還不到一個月，我就意外碰上了一個讓自己有『想在這家公司工作』的地方，於是我轉職成功，也提升了自我實力。」

——吉田遙小姐（化名），上班族（三十多歲）

掌控壓力，輕鬆通過考試

「原本我在工作上經常感覺有壓力，每天都深受肩膀痠痛等症狀所苦；精神上有時也會對到公司去上班感到厭煩。當我在思索著『如果能每天都變得更快樂就好了』的時候，我和逆算手帳相遇了。

我立刻購買了逆算手帳，並且列出人生願景等目標。在製作人生願景時，我決定『要更有健康意識』，因此希望自己能夠善於控制壓力，並參加心理健康管理學第三類和第二類的檢定考試，兩者都考一次就合格。現在，我已經調動到新的部門，即使從事不適應的工作，依然能想起自己在心理健康管理學檢定考試時學到的知識，可以不累積壓力，並且能愉快地工作。每天的生活也變得更加快樂了。」

——小幸小姐（化名），公務員（二十多歲）

讓外語學習變成習慣

「我設定了學習英文的時間。使用逆算手帳將目標寫出來，讓我逐漸產生想要持續學習的心情；我意識到，學習英文已經成了習慣。在月曆上，我會選出當天廣播課程中『只要記住這個！』的兩個句子，再累積到手帳裡。我把會說英文、中文、西班牙文當作是未來的目標，希望能持續從事和國際事務有關的工作。」

——寺田知賀子小姐，公務員（二十多歲）

改善健康、環境、事業，也能幫助他人

「我正在執行讓學員有所成長、變得更有自信的專案課程，包含美白、身體鍛鍊、學習說話方式和禮儀。在身體鍛鍊方面，我自己成功地減下八公斤；在工作方面，我則是先著手整頓了工作環境。重新設計原本往後延宕、一直都很在意的名片、變更個人檔案相片之類的任務，也都成功地做完了。

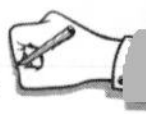

還有，我也開始了一項全新的事業。在製作人生願景時，我第一次察覺到自己的本意是『想要從事幫助別人的工作』。因此從今年起，我進行支援創業家、研討會主持人等相關活動。」

——田中步美小姐，思考整理講師（四十多歲）

化夢想為目標，不再是難題

「每天看著人生願景，真正想要實現的事就會變得明確，而讓自己能夠有決心改變。『為什麼無論我用多麼雀躍的心情來寫手帳，還是會感覺不對勁呢？』在想完這個問題後，我開始思索『希望邁向的願景』和『正打算邁向的願景』兩者之間的差異。一邊看著人生願景，加上與自己的對話，我才察覺到自己先斷定實現這個夢想很困難，所以才一直沒有付諸『把夢想化為目標』的行動，於是我決定振作起來。如今，我正在學習成為動物溝通師，並準備從今年秋天開始提供服務。」

——金澤澄江先生，公司營運（四十多歲）

實現邊工作邊旅行的理想生活

「我很喜歡旅行，也因為使用逆算手帳的關係，萌生『希望一邊旅行、一邊工作』的想法。先前受託在朋友的婚禮上製作餘興節目，也因為『專案化』而有了順利的進展。在那個餘興節目上播放的ＤＶＤ片段、快閃活動的編排等，都是事先逆算、準備才加以執行的，所以我並沒有面臨到最後關頭才倉促行事，而是從容並成功地呈現節目。

減肥也是一樣，我在距離朋友婚禮三個月前，毫不費力地就減重，也不怎麼復胖，現在也還在保持中。」

——岡本幸　小姐，心理治療師（三十多歲）

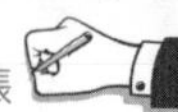

有望完成奢侈的願望清單

「我把原本買來自己住的房子用比購入時更高的價格賣出，賺取價差。因為賣掉房子而有所獲利，所以『矯正牙齒』、『購買BMW』、『每週做臉保養自己』這類很花錢的願望清單項目，也都有望可以實現了。

當初要賣房子時，請了居家清潔業者來打掃，因而降低了把家事外包的心理門檻，原本就不喜歡的洗衣工作現在也都委由他人來做。」

——齋藤杏小姐（化名），上班族（三十多歲）

猶豫多年，終於接受了近視雷射手術

「我在逆算手帳的願望清單上寫了『接受近視雷射手術』，因而下定決心接受手術。手術之後，兩眼視力都是一・五。如同最初的目的，現在我每天無論在哪個時間點，都能擁有清晰的視野。

此外，我還挑戰了過去非常不擅長的影片製作工作。我把影片上傳到臉書之後，深獲好評。原本在工作上我只用文章和照片來呈現，但當我要回答網友的問題時，就希望能用更迅速、更能表達自己的手感溫度來傳達，於是『影片』這個選項就自然而然地產生了。嘗試後，發現因為都是我一個人拍攝，所以完全不覺得害羞，這才意識到過去的我一直都擅自斷定『製作影片很困難』。

還有，我也第一次試著進行原創商品的設計和製作，結果一下子就賣光了。不僅限於國內，海外國家（法國）也有販售，結果在法國也銷售一空，真令人開心。」

——長谷川裕美小姐，心理教練

實現「在家工作，做完家事好好放鬆」的生活

「我在逆算手帳中寫下了理想的人生願景，發現到自己竟過著和理想相去甚遠的生活，於是我終於辭去工作。現在我每天都能在家中度過每一天，心靈也安定下來，

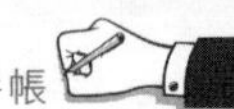

享受著做家事的生活。」

——肥後知惠小姐，網路企畫（三十多歲）

脫離旱鴨子，四十歲還能學游泳

「從小我就一直很希望能學會游泳，這樣願望就這樣持續了四十年。就在我認為『光是想並沒有用』的時候，我在逆算手帳裡寫了『總之先買下泳衣』。然後我加入了健身房，在幾個月內實現了『脫離旱鴨子』的願望，真的好開心。」

——林明子小姐，上班族（四十多歲）

導讀
化夢想為現實的逆算手帳術

雖然有想做的事，

心情卻一直「**飄忽不定**」，都沒什麼進展……

雖然現在過得很好，

但關於將來，卻有著「**模糊不清**」的不安……

雖然並非有所不滿，

但總覺得「**悶悶不樂**」，無法穩定下來……

你有這樣的心情嗎？

藉由這本書，我要告訴你的是：

暢快消除那些「飄忽不定」、「模糊不清」、「悶悶不樂」，

讓你的夢想化為現實的具體方法。

讓我們一邊懷著雀躍的心，一邊腳踏實地，

將想做的事都付諸實現吧！

什麼是化夢想為現實的「逆算手帳術」？

① 願景（Vision）

將迫不及待的未來具體化。

② 計畫（Plan）

從未來往回推算，制定計畫。

③ 行動（Action）

邊享受邊按部就班把夢想、目標實現。

逆算手帳術和去郊遊
是一樣的道理

❶ 願景（Vision）

決定了想去的地方

❷ 計畫（Plan）

思考要怎麼去

❸ 行動（Action）

一邊享受，一邊行動

或許你也會有這種狀況？

難得天氣很好，卻都在處理「非做不可的事」，結果一天就這樣結束了。

只要改變手帳的使用方法，就可以做到這樣的事

只寫著「非做不可的事」的手帳

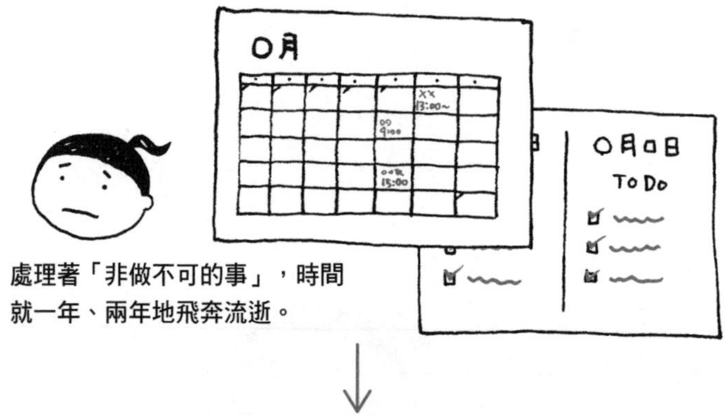

處理著「非做不可的事」，時間就一年、兩年地飛奔流逝。

↓

寫滿了「想做的事」的手帳

因為能夠踏實地執行「想做的事」，每天都快樂得不得了。

好了，請你也從未來開始「逆算」吧！

人生願景（規畫迫不及待的未來）→ P. 98-P.99

Life Vision
〈人生願景〉

不要猶豫，讓我們從描繪人生願景藍圖開始實踐未來夢想。
運用「逆算手帳」和「人生願景」來實現理想，把那些「希望可以達到」、「想要完成的」、「如果變成這樣就好了」的事情填入八個項目中。

夢想越大，實現的可能性也就越大
——約翰．C．馬克斯韋爾（作家、牧師）

確認價值觀

關於生活方面，你「想要珍惜」的是怎樣的事呢？
請試著從以下的價值觀關鍵字當中，把想要珍惜的事物圈起來吧！

(自由)　感動　信賴　熱情
正直　誠實　和諧　共鳴
溫柔　幽默　好奇心
(挑戰)　積極
領導力　自我表現
豐富　愛　坦率　(貢獻)
努力　活躍　自信　安定
(健康)　平衡　支持
美麗　光彩　簡單
創造性　正義　有行動力
其他（　刺激　）

My Best 3

請在圈選出來的關鍵字中選出三個，為它們也加上具體的說明吧！

1: 自由
不受時間、地點、金錢的綑綁，能夠隨心所欲地生活。

2: 貢獻
幫助別人，讓他們快樂，是最大的喜悅。

3: 刺激
希望自己總是迫不及待、興奮期待。

樂趣：想要持續能讓人感到驚訝的挑戰。以女性最高齡的身分跑完撒哈拉馬拉松（250km）。也要挑戰 1000km 的超長程。去宇宙旅行。

學習成長：面對第一次要做的事，不膽怯地去挑戰！做得到或做不到，都要做了才知道！鍛鍊打動人心的書寫技巧和說話技巧。

生活型態：無論什麼時候、在哪裡、做什麼，都維持著自由的狀態。在有如美術館一般簡潔清爽的家中生活。

健康：精力充沛地活到 120 歲。養成在 100 歲時能跑上 100km 的體力。

人生功課：想讓全世界的人都變得很開心。為他們迫不及待的每一天提供具體的①知識技巧②工具③場域。

工作：不只在日本，要在世界各地以作家&演說家的身份進行活動。開發簡單的知識技巧，也開發容易使用的工具，讓所有人都能實踐。創造能相互支持夢想實現的夥伴機制。

金錢：無論是工作或私人生活，都要意識到「投資」，並高明地搬動金錢。為了讓笑容增加而使用金錢。想要成為付得起高額稅金的人。

人際關係：希望我身邊的人，總是笑容滿面、心情好。成為能夠發現別人優點的達人！

確認滿足度！

關於各個項目，你的滿足度有多少呢？請試著寫進圖表中吧！
以十個階段來評價，你的滿足度有多少呢？請在一開始使用手帳時、一年的中途、一年的尾聲時，試著確認滿足度的變化吧！

確認日 2017 年 10 月 1 日
確認日 2017 年 10 月 1 日
確認日 2017 年 10 月 1 日

人生逆算（釐清構成人生輪廓的計畫）→ P. 115

Life GYAKUSAN
〈人生逆算表格〉

想在「什麼時候以前」實現人生願景中描繪的事物呢？請將這些事物加以分類吧！
鎖定在對自己來說重要的主題上，再寫進表格裡。

人的一生短暫，應該做愛好的事情過生活。在夢中的人世間，老是做些不喜歡的事而困苦度日，愚蠢至極。
山本常朝（江戶時代武士）

	①知識技術	②工具	③社群		馬拉松	挑戰	
想在有生之年實現的事	成為舉世聞名的暢銷作家，為許多人帶來好的影響。 在世界各地進行演講。	將簡單、有效的工具推廣到全世界。	讓會員能有許多成功者輩出。 ↓ 對社會有貢獻的人們。		＊以女性最高齡的身分跑完撒哈拉馬拉松，留名世界紀錄。 ＊100歲時跑完100 km的馬拉松。	晚年（101~123歲）時在月球上生活。	想在有生之年實現的事
想在十年內實現的事	著作超過20本。 ↑ 在海外成為暢銷作家。 ↑ 在國內成為暢銷作家。 ↑	讓人們認為「逆算手帳」是一本「必備經典手帳」。 讓海外人士也能使用逆算手帳。	會員超過1萬人。 最重要的是，知道自己想做的事情是什麼。 ——朵貝楊笙（Tove Marika Jansson）		＊跑完1000km以上的賽事。 ＊成為該年齡組的第一名！ ＊平時就能跑40~50km。	＊吉力馬扎羅山攻頂。 ＊在南極拍企鵝照片。 ＊在布拉格城堡沈靜悠閒地觀光。 ＊在卡帕多奇亞搭乘熱氣球。	想在十年內實現的事
想在一年內實現的事	將逆算方法系統化，讓它變得簡單又容易理解。 第四本作品問世。	發售版本升級後更加好用的逆算手帳。 讓更多人知道。	打造營運機制。 成立足以成為活動據點的場地。		＊跑完100km。 ＊每週跑一次20km。 ＊跑三圈山手線。	＊挑戰跳傘。 ＊訂做洋裝。 ＊參加演說講座。	想在一年內實現的事

十年逆算（從今而後的十年計畫）→ P. 123

10 Years GYAKUSAN
〈十年逆算表格〉

具體地想像、描繪自己想在十年後變得如何，從這個目標往回逆算，再制定計畫吧！
在筆記欄位寫上家人的年齡等資訊，就更容易想像了。

> 體認了失敗，心靈會更輕盈。
> 傑佛瑞．貝佐斯（亞馬遜公司共同創辦人）

	①知識技術	②工具	③社群		馬拉松	挑戰	MEMO
2028年 XX歲	著作超越20本，在海外十個以上的國家暢銷。	讓人們認為逆算手帳是「必備經典」。使「GYASAN」這個詞彙在海外被認同。	讓會員超過1萬人，開始社會性地給予良好的影響力。		跑完1000km以上的賽事，在超級馬拉松世界裡成為令人甘拜下風的存在。	能夠獨自前往海外旅遊，並感覺到地球的渺小。	
2027年 XX歲						體驗歐洲生活。(3~6個月)	
2026年 XX歲							西班牙聖家堂預定落成
2025年 XX歲		舉辦十週年紀念活動。			在澳洲的雪梨、墨爾本挑戰(1100km)		
2024年 XX歲						去北歐留學(寄宿一般家庭)	
2023年 XX歲		海外營業比率達到50%以上。					
2022年 XX歲	決定海外出版。					製作企鵝的寫真集。	
2021年 XX歲	藉由逆算方法，讓更多人幸福。	設立海外法人。	啟動在海外的組織設立工作。		讓跑20~30km變成日常習慣。	前往南極拍攝企鵝的照片。	
2020年 XX歲		製作英語版，開始海外販售。	以「五週年紀念」的名義舉辦夢想簡報大會。		跑15~20km也不費力的生活。	在卡帕多奇亞搭乘熱氣球♥也要去布拉格城堡觀光	東京奧運
2019年 XX歲	將逆算方法系統化，寫成書。	製作英語版製作樣品，進行測試。	在全國各個城市舉辦逆算LABO。		讓在工作空檔之間跑步化為習慣。	吉力馬札羅山攻頂。(也想看長頸鹿)	

一年逆算（從今而後的一年計畫）→ P. 148

1 Year GYAKUSAN 2019
〈一年逆算表格〉

具體地想像、描繪自己想在一年後變得如何。
從這個目標往回逆算，再制定計畫吧。

> 對人類而言最大的幸福，是感覺到「一年之末的自己」遠遠比「一年之初的自己」還要更好。
> 列夫．托爾斯泰（俄國小說家）

	①知識技術	②工具	③社群		馬拉松	挑戰	MEMO
願景	出版逆算方法的書，讓更多人知道這套方法。	製作英語版試作樣品，完成評論測試。	在全國個城市舉辦逆算LABO，讓心情好的人變得更多。		即使忙碌也要定期慢跑，讓跑步成為生活的一部分。	在海外國家也不膽怯！	願景
12月							12月
11月		銷售通路增加，認知度提升。	研討會集中舉辦時間				11月
10月			研討會空間開幕				10月
9月		發售2020版！				第一次去非洲好緊張	9月
8月		交貨				吉力馬札羅山攻頂。(乾季)	8月
7月			認證講師培訓講座			高地訓練(？)	7月
6月	著手製作官方使用手冊。	驗證			挑戰第二次全馬。		6月
5月		校對完成			備賽，調整。		5月
4月		排版 評論測試三個月	逆算LABO定期舉辦，達成支持目標。				4月
3月	收集使用範例、書寫範例。	製作英語版試作樣品。			跑長距離 一個月100~150km		3月
2月		製作英語版試作樣品。			跑短距離~中距離		2月
1月	發售單行本。				一個月60~80km	繼續上咖啡廳英語會話課，進行英語訓練。	1月

一年目標（一年內的目標管理）

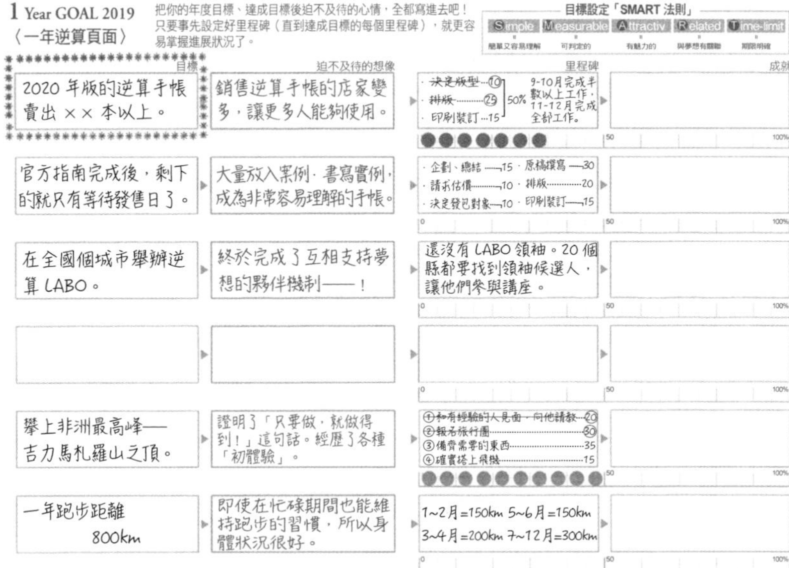

十五個月的甘特圖（整體瀏覽所有計畫）→ P.176、P.235

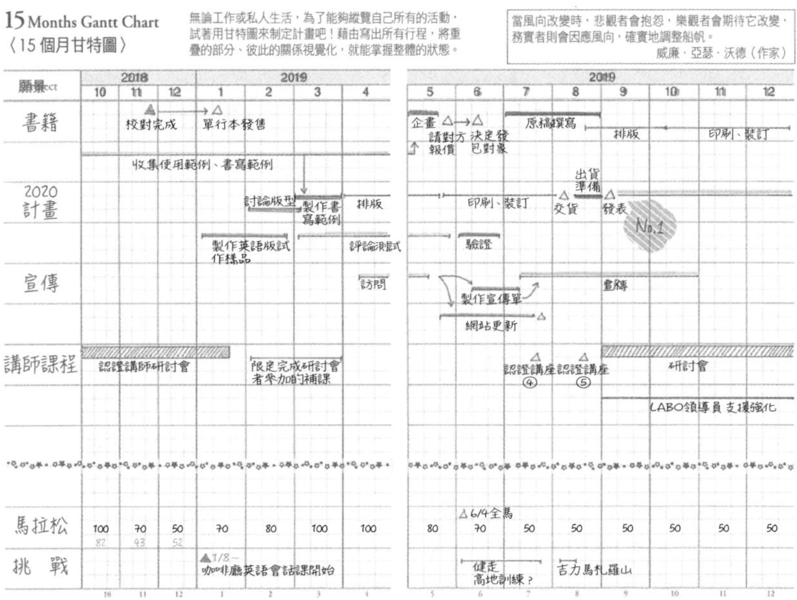

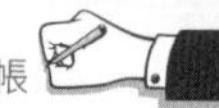

一個月計畫表（總覽一個月的計畫）→ P.199、P.235

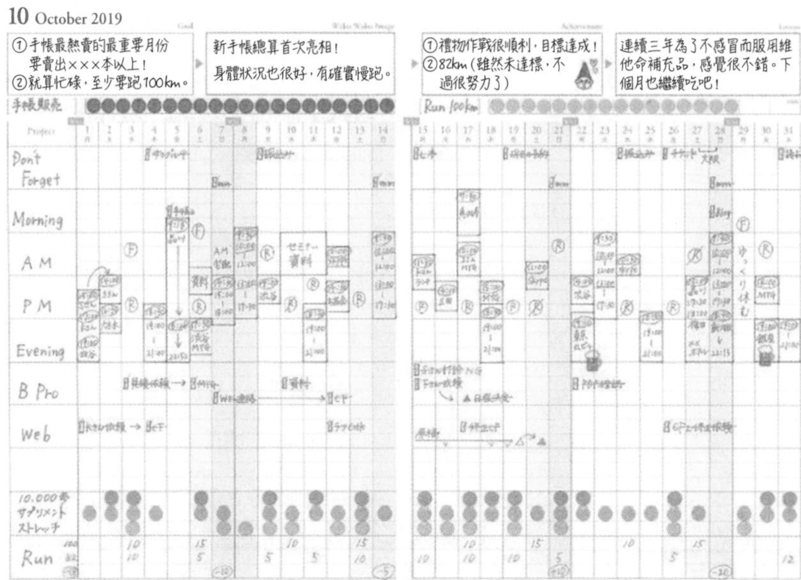

10 October 2019

①手帳最熱賣的最重要月份要賣出×××本以上！
②就算忙碌，至少要跑100km。

新手帳總算首次亮相！
身體狀況也很好，有確實慢跑。

①禮物作戰很順利，目標達成！
②82km（雖然未達標，不過很努力了）

連續三年為了不感冒而服用維他命補充品，感覺很不錯。下個月也繼續吃吧！

手帳販売

Run 100km

Project

Don't Forget

Morning

AM

PM

Evening

B Pro

Web

10.000歩
サプリメント
ストレッチ

Run

每日願景（讓自己接近「理想的一天」）→ P.231

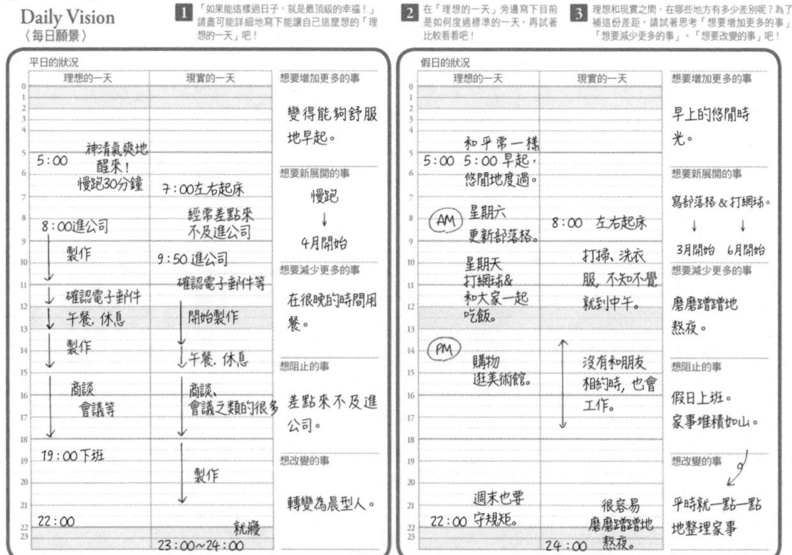

Daily Vision
〈每日願景〉

1 「如果能這樣過日子，就是最頂級的幸福！」請盡可能詳細地寫下能讓自己這麼想的「理想的一天」吧！

2 在「理想的一天」旁邊寫下目前是如何度過標準的一天，再試著比較看看吧！

3 理想和現實之間，在哪些地方有多少差別呢？為了填補這份差距，請試著思考「想要增加更多的事」、「想要減少更多的事」、「想要改變的事」吧！

平日的狀況

理想的一天	現實的一天
5:00 神清氣爽地醒來！慢跑30分鐘	
	7:00左右起床
8:00進公司	經常差點來不及進公司
製作	9:50進公司
確認電子郵件	確認電子郵件等
午餐．休息	開始製作
製作	午餐．休息
商談 會議等	商談、會議之類的很多
19:00下班	製作
22:00	就寢
	23:00～24:00

想要增加更多的事：變得能夠舒服地早起。

想要新展開的事：慢跑 → 4月開始

想要減少更多的事：在很晚的時間用餐。

想阻止的事：差點來不及進公司。

想改變的事：轉變為晨型人。

假日的狀況

理想的一天	現實的一天
和平常一樣 5:00 5:00早起，悠閒地度過。	
AM 星期六 更新部落格。	8:00 左右起床
星期天 打網球＆和大家一起吃飯。	打掃、洗衣服，不知不覺就到中午。
PM 購物 逛美術館。	沒有和朋友相約時，也會工作。
週末也要 22:00 守規矩。	很容易磨磨蹭蹭地熬夜。 24:00

想要增加更多的事：早上的悠閒時光。

想要新展開的事：寫部落格＆打網球。 ↓3月開始 ↓6月開始

想要減少更多的事：磨磨蹭蹭地熬夜。

想阻止的事：假日上班。家事堆積如山。

想改變的事：平時就一點一點地整理家事

前言
靠逆算，解決對未來的焦慮

「想做的事情？如果是那種模模糊糊的事情，算是有啦……」
「總之，我不喜歡一直這樣沒有變化！你問我想要變成怎樣？我也不知道。」
「總覺得對未來感到不安，只是感覺啦……」

你是否經常被這樣「總覺得」的感覺給牽著鼻子走？

總有些模糊不清、不得要領，「飄忽不定」又像雲霧般「模糊不清」、讓內心不夠踏實的思緒。

如果暫且擱置一旁，那些思緒或許會消失，但也可能永遠都不穩定地長存心底，

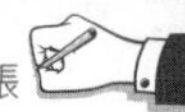

決定好要以哪裡為目標！

就去那裡吧！

之後會如何呢？
接下來我該怎麼辦才好？

讓你的心變得抑鬱沉重。

要不要試著將那樣的「飄忽不定」、「模糊不清」的事情澈底整理一番，讓心情變得爽朗？我也曾經因「模糊不輕」而苦惱，有過一段「飄忽不定」、無法沉住氣且生活過得不上不下的時期。就像是上圖右方那座山的狀態。

「模糊不清」的真面目，就是正在浪費時間的焦慮。

當我稍微追究一下，就會感覺自己正在虛度、浪費生命。

「現在是做這種事的時候嗎？」

「覺得可以做更有意義的事，但我卻不知道該做什麼。」

那時候，我一直被這樣的思緒給牽絆。

雖然正在按照自己的方式努力生活，但對於自己未來想要變得如何、想要做什麼並無明確的目標，結果就在山腳下裹足徘徊，白忙一場。好像有想做的事，又好像沒有。因為「飄忽不定」，於是不得要領。

當我能夠從那種狀態中抽身時，是因為我決定了「要以什麼為目標」。

一開始「飄忽不定」又模糊的目的地，經過具體化後，讓焦點被凝聚了出來。原本無論如何也覺得辦不到的龐大目標，也藉著逐一完成了小目標而正在接近當中。

如果你正處於右頁圖右方那座山的狀態，請試著執行我接下來要告訴你的**「逆算思考」和「手帳術」的組合概念**。

藉由這兩個概念的組合，你將能學會像第28頁圖左方那座山暢快的生活方式；倘若你已經踏著穩健的腳步往前邁進，那麼藉由導入逆算手帳的作法，你應該更能提升

效率。

消除心裡「不踏實」創造出逆算手帳術

我創造出「逆算思考」和「手帳術」的組合技巧，已經是十多年前的事了。關鍵契機是二〇〇四年的創業工作，我正式開始使用書面手帳。不只有原本的工作、創辦公司後伴隨而來的眾多雜務，還要加上家裡的事情，「非做不可的事」就管理不完。

這時候，我才明白只要使用手帳，事情就可以順利進行。多虧有了手帳，任務、行程管理都變得很順利；這雖然是好事，但還是欠缺些什麼。不知為何，我的心並沒有被滿足。日復一日，每一天都在處理著「非做不可的事」。

沒有決定好要以哪裡為目標，就哪裡都抵達不了。

只要明白這一點，這件事就很單純了。

因此，如同在本書第22頁中的介紹，我嘗試改變手帳的使用方法。

不只是一本寫著「非做不可的事」的手帳，而是**讓它成為一本寫滿了「想做的事」的手帳**。

如今，手帳裡有了「想做的事」和實踐計畫。藉由逐一累積行動，做了一個又一個，讓「想做的事」變得能夠實現。

此外，雖然有時我會在研討會上介紹「從目標往回推算、加以計畫」的方法，也讓參加者在現場加以執行，但他們幾乎都做不到。明明嘴上說「想要實現夢想」，那個夢想卻沒能具體化而一直都處在「飄忽不定」的狀態。目標模糊不清，於是也無法擬出實踐的計畫；因為沒有實踐計畫，也就無法和具體行動產生連結。這樣的人很多，我為此受到了一點衝擊。

於是，我將寫手帳的知識技巧系統化、商品化，**讓任何人都能運用「逆算」來思考，進一步採取行動，那個商品就是「逆算手帳」**（於二〇一六年發售）。

藉由本書，我希望告訴各位的是將「逆算思考」和「手帳術」加以組合的方法。

這是一套即使沒有「逆算手帳」也能實行的方法，請各位放心。

任何筆記本都能實現

容我再次重複，即使不用「逆算手帳本」，也能利用你喜歡或正在使用的筆記本來實踐。

因為追根究柢，「逆算手帳」就是就是將我先前用市售的筆記本、手帳所做的事化為專用表格並工具化，讓知識變得更容易使用，並且彙整成的一本小書。

運用你喜歡的筆記本、平時使用的活頁本和愛用的手帳筆記本，就能實踐的逆算手帳術。

無論是筆記本或手帳本，就連尺寸、種類也都可以自由選擇。

不過，請你盡可能選擇那種容易隨身攜帶的本子。

一直擺在家裡，就會忘記寫過的內容。當你想到想做的事，或是靈光乍現一個實現夢想的好點子，如果手帳不在身邊，就會忘記記錄。能夠隨時反覆閱覽、立即補寫是很重要的。

假使你正要開始選擇，就請盡量選出會讓自己怦然心動的手帳吧。選一本外觀讓你雀躍、愛不釋手的本子，會讓你想要隨身攜帶、時時翻閱。因為這本手帳本，會成為你的人生夥伴。

運用「逆算手帳」實現夢想的三步驟

逆算手帳術，會以三個步驟來進行：

願景（Vision）→計畫（Plan）→行動（Action）。

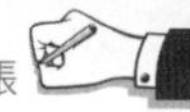

首先，具體想像出**令人期待的未來願景（Vision）**，再用文字來表達，從這一點開始做起。

接著，從迫不及待的未來「逆算」回來，制定**為了實現而應有的計畫（Plan）**。

然後，就是一邊享受，**一邊朝向夢想實現，持續採取行動（Action）**。

關鍵是要能「一邊享受」、一邊做。並不是緊皺眉頭、受著苦，請你就像輕鬆不費力地小步跳走一般往前邁進。

在第一章說明手帳術之前，我會先告訴你什麼是利用「逆算」來思考。也許你會認為「逆算」似乎很困難，但並非如此。你也可以在不知不覺間就用「逆算法」來思考。藉由有意識地執行原本一直無意識在做的「逆算」，你將能更接近夢想實現的那一步。

在第二章，我會讓你瞭解具體表現出「迫不及待的未來」的方法。

這件事看似簡單，其實出乎意料地困難。許多人來諮詢時都告訴我「不知道什麼事情是令人迫不及待的」。重要的並不是要冠冕堂皇，而是要能說出真心話。請找出你打從心底感到歡欣鼓舞的事。依照步驟，你就能持續將不得要領、「飄忽不定」的夢想具體化了。

在第三章，就是如何實現讓你期待的未來。你要一邊「逆算」，一邊制定計畫。

或許有人認為「制定計畫……感覺好困難」。在我舉行研討會時，也不斷有人會在制定計畫的階段就頹喪消沉了下來。

但這並不要緊。之所以會覺得困難，是因為你不知道該怎麼做而已。你還記得在學校裡有學過計畫制定的方法嗎？即使聽到父母或老師說過「要制定計畫」，你應該也從來都沒有被教過該如何做吧？

不過，只要知道怎麼做，這就不是一件難事。不僅止於計畫的基本制定技巧，我

也將為你介紹一種稱為「專案化」的私藏祕訣。

在第四章，我會告訴你如何一邊享受，一邊完成夢想和目標。得以實現夢想的過程，並非一路平坦。若是巨大的夢想，那過程將會更加崎嶇。也許你將碰上難題、幹勁低落，有時也要品嘗挫折的滋味。正因如此，「享受」才顯得如此重要。因為快樂，所以能持續下去，也因為可以持續，才有辦法做出成績。

最後在第五章，我則要藉由三個成功案例來介紹「逆算」手帳術的具體實例。像是三十歲上下，以減肥、早起、提升自我實力為目標的A小姐；還有大約四十歲，無論工作、家事或育兒，全都想要取得絕佳平衡的B太太；以及五十歲左右，想要發揮興趣，並嘗試創業的家庭主婦C女士。請把她們的夢想實踐過程當作參考。

將夢想化為現實的方法很簡單。

那就是讓夢想和目標變得明確，並從終點往回推算，再依此來制定計畫，最後加以實踐。

就這麼簡單。

好了，請你決定好想去的地方，思考著該怎麼去，再邊享受邊往前邁進吧！

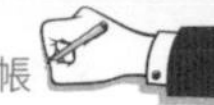

本書結構

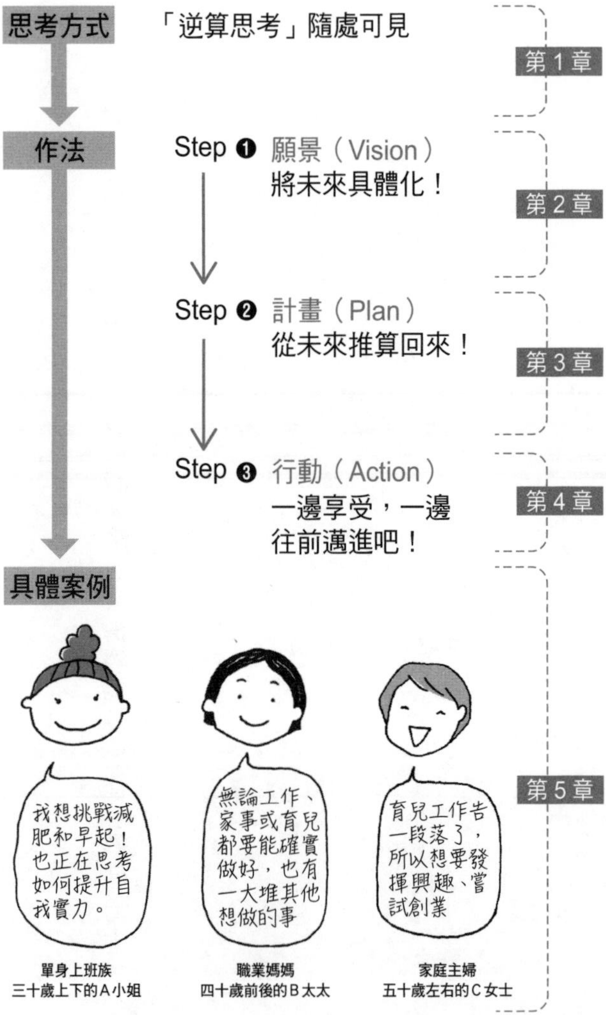

思考方式　「逆算思考」隨處可見　第 1 章

作法

Step ❶ 願景（Vision）
將未來具體化！　第 2 章

Step ❷ 計畫（Plan）
從未來推算回來！　第 3 章

Step ❸ 行動（Action）
一邊享受，一邊
往前邁進吧！　第 4 章

具體案例　第 5 章

我想挑戰減肥和早起！也正在思考如何提升自我實力。

單身上班族
三十歲上下的A小姐

無論工作、家事或育兒都要能確實做好，也有一大堆其他想做的事

職業媽媽
四十歲前後的B太太

育兒工作告一段落了，所以想要發揮興趣、嘗試創業

家庭主婦
五十歲左右的C女士

第 1 章

「逆算思考」隨處可見

01

在日常生活中，你也一直在「逆算」

「逆算」，這個詞彙聽起來很難嗎？不，其實在日常生活中，你應該不知不覺地也在「逆算」。

如果去公司和學校的時間都是固定的，你出門就必須趕上那個時間，沒錯吧？準備時要花費的時間不勝枚舉：吃早餐需要時間，做便當需要更多時間……

當你從出門的時間往回「逆算」，就已經決定好了自己需要幾點鐘起床。為了不要睡過頭，也有不少人會設定鬧鐘。

工作時，逆算也是必要的

要「逆算」的，不只是時間而已。讓我們試著想像「下午三點要在客戶公司進行商談」的情況。

首先，你要進行時間的「逆算」，讓自己能夠趕上約定的時間。

假設要在約定時間的十分鐘前，下午兩點五十分抵達客戶公司，要先確認好距離最近的車站往返時間。如果是十分鐘的話，就必須要在下午兩點四十分抵達車站。你也要先查好該公司離車站的幾號出口最近。

接著是決定路線。確認前往的最短路線後，你決定要搭上下午兩點零七分的電車。確認要搭乘哪一節車廂，才是離出口最近的；如果途中需要轉乘，就要先查好轉乘時最方便的車廂是哪一節。

因為是工作商談，所以不能空手而去。你要「逆算」切合商談項目的所需的攜帶物品，列成清單：商品型錄、樣品、提案書、估價單。為了以防萬一，也要確認名片

數量是否足夠。還有查詢天氣預報、確認好是否需要帶傘，也會讓你很放心。

做為事前準備應該進行的工作，也要加以「逆算」。

首先，你必須收齊列在清單上的攜帶物品。倘若需要提案書之類的文件，就要估算什麼時候要製作那份文件，以及製作那份文件需要多少時間。如果需要主管的同意簽核，不僅需要委託主管確認文件，為了保險起見，也最好連修改文件的時間都要考慮進去。

要是需要從其他部門取得商品樣本等物品，你就必須聯絡負責人員，並且事先「逆算」物品到達手上所需的天數。

如果這是第一次前往拜訪，或許你還需要做好查詢該公司的網站，或是確認董事長部落格之類的調查工作。如果是第二次商談，那你就要先瀏覽上一次的商談會議紀錄，確認事前準備是否有所遺漏。或許還可以在當天早上事先寫封提醒信件給負責人員，順便跟對方打個招呼。

最後，你要進行時程調度。如果你能「逆算」出時間、該做的事和所需物品，就能往下決定出詳細的時程。包含何時要做什麼？何時要請誰做什麼？將這些細節寫進時程表當中，就能夠做出最低限度的「逆算」。

假設這個商談先前的磋商過程很困難，為了提升成功機率，你也要「逆算」應該先做好怎樣的事前準備。如果你安排事前規畫的能力尚可，商談後的所需事宜（會議紀錄、估價單的製作之類）也應該都已經排進了預定事項裡。在你的腦中，也應該正在執行接近這個工作的事了。

你也正在進行逆算

15：00　會議開始
↑
14：50　抵達客戶公司
↑
14：40　抵達〇〇車站（出口是〇號）
↑
14：07　搭乘〇〇線快車（〇號車廂）
↑
13：55　出發（別忘了商品型錄、雨傘）
↑
13：25　開始準備出門

設定三個鬧鐘

1 出發時間（13：55）
2 出發前五分鐘（13：50）
3 開始準備的時間（13：25）

只要這麼做，直到準備時間快要到來之前，你都能放心地專注在工作上。

02 製作購物清單也是「逆算」

讓我們再來看一個最貼近生活的例子。

假設你決定「今晚就吃壽喜燒」，你會怎麼做呢？

如果是我，會先確認家中已經有的食材和調味料，再將要買的東西列成清單。常去的超市陳設已經在我的腦中，因此我會搭配從入口到收銀台的空間設置，將購物清單的項目依序排列好。只要這麼做，就不會多走冤枉路，能明快俐落地購買商品。

製作這樣的購物清單也是一種「逆算法」。

決定要做什麼菜（決定未來），再「逆算」為了做那道菜而必須做的事，然後採取行動（去買東西）。

如果是家人的慶祝活動（例如生日），就要多準備一些家人喜歡的東西；如果要款待賓客，或許就要準備好大量的肉。如果只是「不知為何就是想吃」的程度，可能就要選擇合理數量的肉。

依據「想要這樣」的期望結果不同，需要的事物就會改變，要做的事情也會有所差異。

如果你沒有決定好要做什麼料理就跑去購物，就會被當場一時興起的構想、或特價品之類的其他念頭所影響。

當然，順其自然並不是一件壞事。

不過，如果你希望實現「想要這樣」（本文舉的例子是「想吃壽喜燒」）的狀況，最好還是「逆算」需要的事物、制定計畫，再依循計畫為宜。

接下來我要為你介紹的，**並非「什麼都好」、「怎樣都行」的生存方法，而是持續將「想要這樣」、「如果可以這樣真好」加以實現的生活方式**。

列出購物清單也是逆算

是要宴請賓客？或是家人的慶祝活動？
還是單純只是想吃而已？
依據不同的目的，或許豪華程度也會有所差異。

如果能從上而下依序購買，
就不會浪費時間，
也不會漏買。

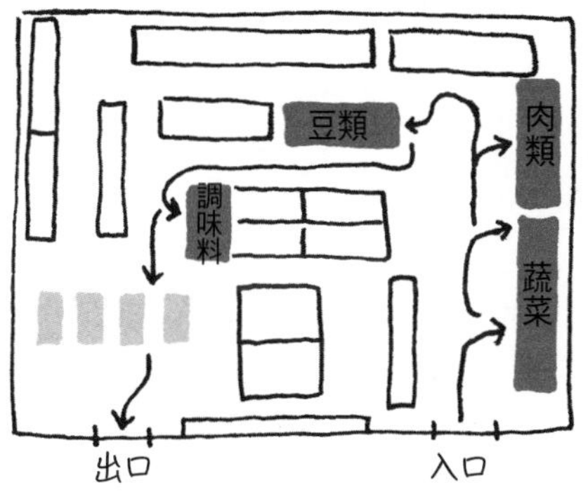

Shopping List

- 茼蒿
- 蔥
- 香菇
- 牛肉
- 蒟蒻絲
- 烤豆腐
- 醬油

分量、預算等細節
也需要寫上去。

你的「什麼都好」，未必是真的什麼都好

自己期望的事物一直都「飄忽不定」，
所以就只是不斷地回答「什麼都好」。

03 「逆算思考」和「堆積思考」的差異

你是不是已經察覺到，無論再怎麼不知不覺，在日常生活中自己也一直在「逆算」呢？搞不好你還會發現，比起「逆算」，其實你更常陷入在順其自然、漫無計畫的情況中。

讓我們試著確認一下這兩種作法，也就是從未來開始推想的「**逆算思考**」，以及從現在開始設想的「**堆積思考**」之間的差異。請見下頁的示意圖。

「逆算思考」，是推想為了實現「想要這樣」的未來所需要的事物。

「堆積思考」則不考慮未來，而是設想「總而言之」感覺應該可行的事物。

因為「想要這樣」的目標沒有確定下來，所以並不清楚之後會如何發展。就好像

「逆算思考」和「堆積思考」的差異

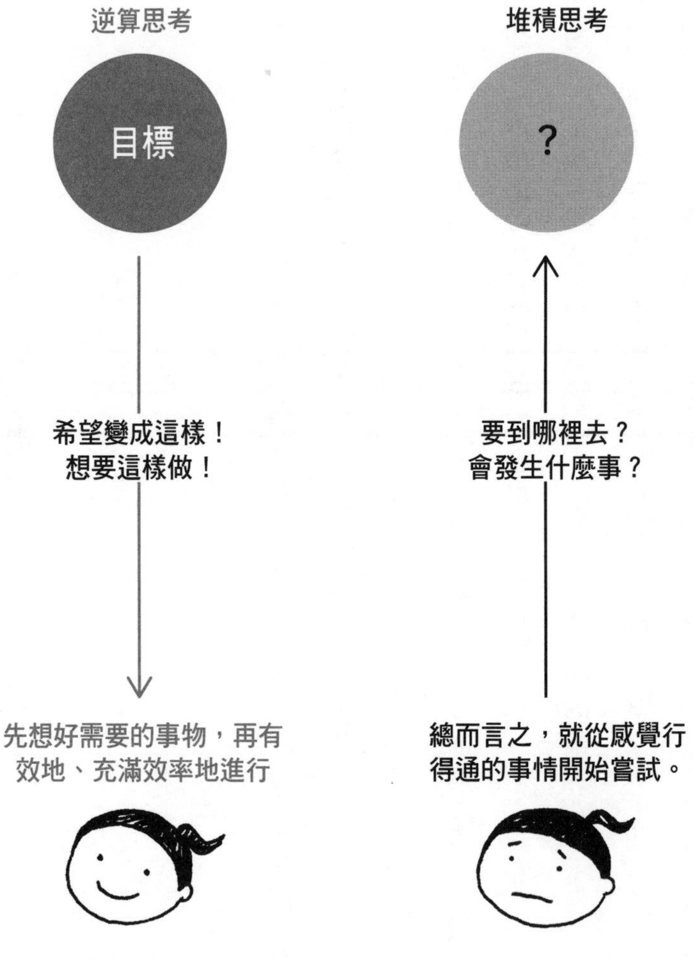

是閉著眼睛往前走一樣。

「逆算思考」要一直看著目標的位置，如同以北極星為目標往前邁進。即使有岔路，你也能做出正確的選擇。

而「堆積思考」是即使有岔路，你也不知道自己想要去哪裡，也因此無法做出選擇。

這樣思考的人，應該都會朝著「『感覺』應該是這邊」的方向前進。由於沒有自己的判斷基準，只要某個人說「這邊比較好」，就容易隨波逐流。

「逆算思考」則有自己的判斷基準，因此就算將他人的意見做為參考，也不可能受到影響。如果有和自己想要前進的方向的不同之處，就可以說「不」。藉由反覆做出正確的思考，而能夠穩扎穩打地往目標靠近。

「堆積思考」反覆地進行「總之就……」和「感覺起來……」的動作，於是更會受到周圍的意見左右，結果不知不覺地就漂流到某處去。即使碰巧走到了感覺不錯的地方，你也會不知道那是不是自己原本的期望。

04 「堆積思考」容易白費力氣且有所遺漏

反覆想著「總之就……」、「感覺起來……」的「堆積思考」，容易讓人白費力氣，也會有所疏漏。讓我們思考一下先前所提到的購物清單。

如果沒有先決定出晚餐的菜單，連購物清單都沒有就跑去買東西，會演變成什麼情況呢？也許我們會選擇「感覺上」以為想要的物品，也會在不清楚家中是否有庫存的狀態下，就用「變便宜了」的理由「總之就」買下來也說不定。

結果，我們可能回到家才發現有好幾樣庫存，或是忘了買需要的東西；明明已經去購物了，卻還是難以決定晚餐要做什麼菜。

不管是醬油還有幾瓶庫存、或是去便利商店買原本該買卻忘了買的東西，還是最後就在家庭餐廳裡解決晚餐，這些都不是什麼太嚴重的問題。

那麼，如果是工作呢？我們試著用先前提到的商談案例來思考。

倘若時間的「逆算」沒有做好，商談就會遲到，損及客戶對你的信任。如果是該做的事、所需物品的「逆算」沒有弄好，你可能就無法做好充分的準備，包含需要的東西沒有備齊、提案書之類的文件輸出品質差。要是事到臨頭才發現必備物品不足，搞不好還要加班來補足。

沒有完成「逆算」，就會被時間和該做的事追趕，搞得雞飛狗跳；如果只有自己因笨拙而操勞倒是還好，但如果最後連主管、同事都深受困擾，你在公司內部的信用也會變得不可靠。

比起晚餐的例子，工作上的損害雖然更大，但從「還有機會挽回」的意義上來說，從你的人生整體看來並沒有什麼大不了。因為人生無法重來，所以就重複著「總之就……」、「感覺起來……」的思考，然後跟著周圍的意見隨波逐流，結果就是到了人生最後階段，就算後悔也為時已晚。

只要將目標放在「想要這樣」、「如果可以這樣真好」的未來去過日子，你就能學會不悔而充實的生活方式。

05

「逆算」讓心不焦慮的三個優點

如果沒有做好「逆算」，就經常會白費力氣、落東落西，被時間或該做的事追著跑，變得慌張忙亂；反過來說，如果能確實地做好「逆算」，心中就能產生從容感。即使有什麼猶豫不決的事，只要清楚自己正以什麼為目標，就能在那個時間點做出最佳選擇，也不會感到後悔。

所謂「逆算」，雖然是持續將想做的事付諸實現的手段，但並非僅此而已。在每一天的日常生活中，它能讓我們的心平靜並且安穩，也能愉快地過日子。無論是對關於將來「隱隱約約」的不安，或是「模糊不清」的不滿，都有一掃而空的效果。

能預見未來，心平靜氣

如果不知道接下來會變得如何，心裡就會感到不安；但只要能預見未來，心就能沉著穩定。

如果是在蒙著眼睛的狀態下，就算只是走在自家附近，你也會感覺膽戰心驚；因為要留意不能撞到人或電線桿，必然要一邊逐步確認、一邊前進。即使豎起了耳朵確認有沒有來車，也還是讓人感到不安。在看得見眼前的狀態和看不見的狀態之間，存在著巨大差異。

只要從未來「逆算」，就能看見前方的風景。因為看得見，所以才能放心邁進。

清楚知道現在該做什麼事，所以不焦慮

「該做的事」和「想做的事」一旦過多，腦袋和心靈都會無法整頓清楚，於是不斷地感到心煩氣躁。

在打包旅行的行李時，如果你這個也想裝、那個也想帶，就把東西全塞進雜亂無章的行李箱裡，那就無法順利地打包了。

首先，應該要看清是否真的需要。為了之後容易使用，洗臉用品要整理到一個小袋子裡；也要將物品分類成首飾、內衣褲、服飾、充電器等電線類，以及想在飛機上使用的室內鞋等，也都要事先特別分開打包。

只要像這樣經過整理，在收納方法上花一點心思，就能將東西順利地收進行李箱。因為很清楚哪裡放了什麼，所以就算想把需要的東西拿出來用，也不會感到困擾。立即需要的東西要放在容易取出的位置，就不會發生「到底在哪裡？」這種危機了。不只限於物品，如果將要做的事也同樣事先加以整理，你就不會感到慌張失措。

「逆算」這個動作，就是整理好要做的事。

看清什麼才是重要的事，對不重要的事說不

如果不清楚對自己來說什麼才是重要的，你也會搞不懂自己不需要什麼東西，或什麼事並不重要。

你有沒有把紙袋或購物袋塞進抽屜裡？有沒有那種暫時不會穿，也許之後也不可能穿上的衣服囤積在衣櫃裡？

「先拿來放著，也許之後會派上用場」、「也許哪一天會需要」、「因為看起來還可以用」……你是否堆著這種不需要的東西呢？

如果無法看清對自己來說重要的是什麼，「最好要有」、「最好去做」、「最好要知道」、「最好要完成」──你的生活，就會被這些不需要的事物給掩埋。

因為沒有「是否需要、對自己而言是否重要」的判斷基準，才會落得如此下場。

只要目標清楚，判斷基準就會變得明確。

於是，對於不必要的事物，你就能夠斬釘截鐵地說「不」了。

06

解開你對夢想的束縛

那麼，讓我們開始進行從未來推回來的「逆算」。

在第二章，我們會將未來具體化，第三章則要從未來往回逆算、制定計畫；不過在那之前，讓我先將許多人深信不疑的三個誤會解開。這三個誤會，就是將你的生活方式變得死板且不靈活的束縛。

夢想不一定要遠大而崇高

「將來的夢想是什麼？」被問到這個問題時，你能夠立刻回答嗎？

如果你是小孩子，應該會回答「開蛋糕店」、「學校老師」這類未來想要從事的職業；但對於已經長大成人的你來說，夢想應該會有一些改變。

「想再瘦五公斤，讓自己穿得下那件連身裙」、「想要變得能寫出漂亮的字」、「想要一台麵包機」……，我想，都會是這種和日常息息相關的夢想。

其他還有「想要嘗試攀岩」、「想要取得理財顧問的資格」、「想要一個人去國外旅行」這種想要挑戰的事，或是「想要把早起當作習慣，悠哉地度過早晨時光」、「希望成為一個尊重對方的思考方式，也能表達自己意見的人」、「想要珍惜平凡的瞬間」等夢想，難道不是更接近你的真實心聲嗎？

或許那並不是具有社會性和意義、不是遠大而崇高的夢想，但只要是你真心期盼的事物，那對你而言就是一個了不起的夢想。

計畫能隨實際狀況調整

「如果沒有依照計畫進行，該怎麼辦？」有些人會這樣擔心，但完全不需要有這種煩憂。因為制定計畫，並不是為了要依照計畫來進行的。「制定計畫」這個動作，是為了開創一條通往「實現期望的未來」的道路，事先解決能夠預測的問題，再盡可能地順利加以實現。

我在第三章也會提到，「計畫」是一種需要配合情況改變而時時更新資訊的東西。若要照著最初訂妥的計畫來做，或許那只是現在看起來可行的事。如果要挑戰未知的事物，「不照計畫走」才是更常發生的事。

如果你發現了更好的方法，就不該再拘泥於最原始的計畫。計畫是持續不斷在改變的東西。重要的不是依照計畫行事，而是能實現願景。

達不到目標也沒關係，實現目的更重要

有些人說他們討厭決定目標，理由是「因為如果沒辦法達成目標，會有自我厭惡的感覺」。

他們一心認為「決定了目標，就一定要達成」，這種想法太過強烈了。如果不能達成目標，自尊心就會受創，因此他們為了避免自尊心受創，反而就一直想要避免決定目標。

或者，也有些人並不會提出真正期望的目標，而是設定「如果是這件事，就感覺沒問題」的低層次目標。為什麼他們會害怕到這種地步呢？

目標，是直到實現最終夢想的路標。只要沿著正確的道路前進，就能夠加以確認。配合計畫隨時重新審視，目標也會依據需求而持續改變。

請你丟掉「一旦決定好的目標，就絕對非要達成不可」這種死心眼的想法。實現目的，是比達成目標更重要的事。

舉例來說，你將「考試及格」作為目的而念書。

一種情況是設定了「今天要念到這裡」的目標，然後也順利地達成了目標，考試卻不及格；另一種情況則是雖然也有幾天沒達成目標，但考試及格了。能夠實現「考試及格」這個目的才是更好的。

那麼，難道每一天的目標都不是必要的嗎？也並非如此。因為有了目標，才能夠確認念書的進展狀況，是順利地進行呢？還是有所延遲呢？如果延遲了，就可以再次設定計畫和目標、調整步調，讓自己能夠追回進度。

你可以確認自己正朝著目標前進，以及目前走到哪裡、還剩下多少路要走；所謂「讓自己能夠確認正走在正確的道路上」，就是這麼一回事。

但儘管如此，還是有些人會抗拒設定目標，為了這類讀者，我將會在第三章介紹兩個祕訣設定「不辛苦的目標」，請放心。

所謂逆算思考，就是這麼一回事

如果自己並不清楚要以什麼為目標……

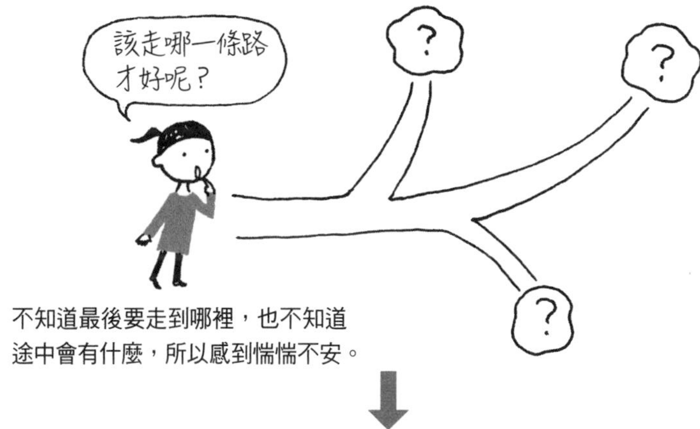

不知道最後要走到哪裡，也不知道途中會有什麼，所以感到惴惴不安。

↓

以「如果是這樣就好了」的未來為目標，持續往前邁進。

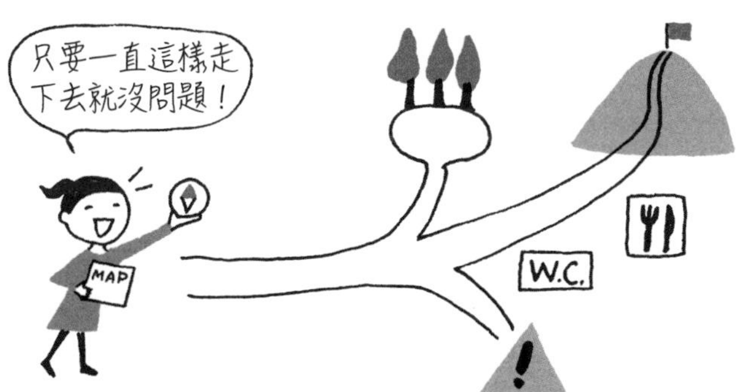

知道哪裡會有什麼，心中有了頭緒，所以很放心。

所謂「逆算」，就是得到地圖和指南針。

第 2 章

逆算第一步，
把未來具體化

07 願景，就是令人感到迫不及待的未來

那麼，現在就讓我們依照順序，具體化那些「飄忽不定」的期望。最後會歸納成稱為「人生願景」的清單。**所謂「人生願景」，就是對你而言是能令你感到迫不及待的未來**。不僅限於工作或私人生活這些部分，而是要將整個人生全都歸納進來。

首先來做個暖身，請你試著思考三種劇本。我認為談到關於自己的未來，也算是個稱得上「人生」的大主題，或許你還不太有機會思考。所以，請你先從「用較近的主題來思考未來」這個步驟開始習慣。

接著，請寫出你想做的一百件事。

在研討會上，許多人都會心生畏懼，認為「一百件……我做不到！」但因為這件事很有趣，所以寫著寫著，就有愈來愈多的人認為「一百件……根本不夠！」或許一直到習慣之前，你都會覺得這很困難；但和騎自行車一樣，只要學會一次，以後就可以暢行無阻地騎下去。

之所以要寫出一百件想做的事，是為了表露出暗藏在心底的真心話。最初的十件、二十件左右都是平時在想的事，也就是「在意識表層部分的想法」；之後再進一步地絞盡腦汁，就算勉強自己也要設法列滿一百件事情，接著「位於深層部分的期望」就會浮現出來了。這麼做經常能讓我們發現意想不到的自己，請你務必一邊享受這個過程，一邊嘗試看看。

最後，就要製作你的人生願景圖。這個部分在此分成兩個步驟。

第一個步驟，是**用文字來表達**。第二個步驟，則是**用視覺方式來表現**。寫出想做的事之後，先把「自我真心話」分成八類，再一邊持續歸納。這就和把旅行的行李分類、打包是很類似的概念。利用文字和視覺兩種方式來表現，你的期望就會變得相當具體。

第 2 章的流程

❶ 試著思考三種未來。

1. 現實的未來
2. 悲觀的未來
3. 樂觀的未來

這是「思考關於自己未來」的暖身操。試著思考自己要選擇怎樣的未來。

❷ 寫出一百件想做的事。

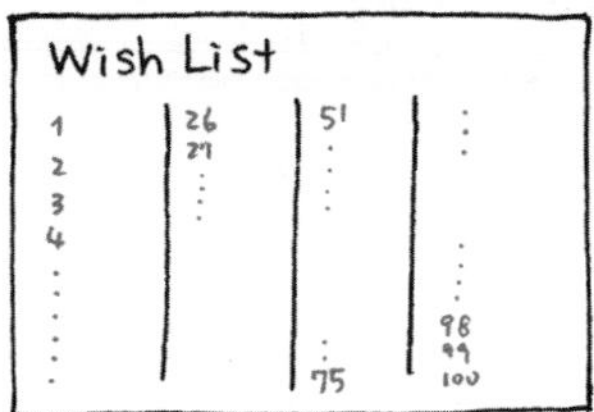

寫出一百件事，顯現出那些並非客套話的真心話。

❸ 將迫不及待的未來歸納成「人生願景」。

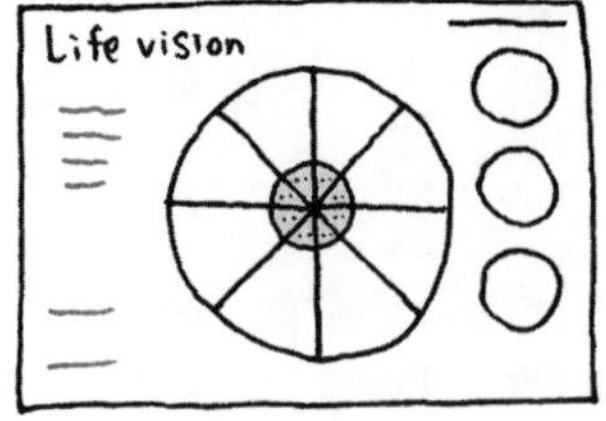

分類成八個「如果是這樣就好了」的未來願景，再整理腦中和心裡的思緒。

08 試著思考出三種未來腳本

那麼，就讓我們從暖身操開始。

從現在起，我們要想出三種腳本。

1. **現實的未來**……可能成真的未來：「照現在這樣下去，應該會演變成這樣。」
2. **悲觀的未來**……憂鬱的未來：「如果演變成這樣，該怎麼辦？」
3. **樂觀的未來**……愉快的未來：「如果變成這樣，應該會很開心。」

思考的主題可以是比工作、健康、金錢這類稍微再大一點的主題；或是結婚、體重增減、外在這類的主題也可以。主要是關於你現在在意的事情，請試著想像一下這

三種模式的未來。這就是思考未來的練習，所以別只在腦子裡思考，就算只是潦草地書寫也無妨，請在紙張上寫下你的三種未來腳本。

09 自由選擇你要的未來

藉由寫在紙上，就能夠「看見」自身的三種未來了。

如果只在腦子裡想，就無法「用眼睛看」。「看著的狀態」和「沒有看著的狀態」之間有巨大的差異。請先回想一下之前舉的「蒙著眼睛在外頭走路」的例子。雖然我的要求好像很煩人，不過寫在紙上這件事十分重要。

那麼，選擇未來吧。

你要選擇哪一種未來呢？

請從你眼前的三個未來中，選出一個喜歡的未來。

這並沒有正確答案。

在三個未來裡，要選擇哪一個都是你的自由。

你可以選擇喜歡的那一個。

因為，我們並不知道未來會變得如何。

因為不知道，所以並沒有正確答案，也沒有錯誤答案。

「未來」，要由你自己來決定。

決定「要這樣做」，以及「要變成這樣」。

我們的日常生活，就是一連串的小小選擇所組成的。

這個選擇結果，持續創造著未來。

在《被武田雙雲騙吧！》（武田双雲にダマされろ，暫譯）一書中，介紹了一串有趣的數字：

假設「每天都從兩個選項中選擇一個」，那麼一天有二分之一的選擇機率，兩天就是四分之一，三天則是八分之一……一個月下來，竟然可以超過十億分之一！也就是說，一個月裡就有十億種生活方式。

然而在實際生活中，我們豈止是「每天都從兩個選項中選擇一個」？早上醒來之後，要馬上起床嗎？還是懶洋洋地賴床呢？要吃早餐嗎？要吃什麼呢？該穿什麼衣服？當號誌燈即將變換時，是要奔跑呢？還是等到下一個綠燈亮起呢？電子郵件要馬上回覆嗎？還是之後再處理呢？

想起來的話，根本沒完沒了。

就連短短的一天，我們都一直在「靠自己」從好幾億的未來中選擇出一個。自己決定未來，就是這麼一回事。

剛剛雖然是「從三種未來中選出一個」的演練，但實際上，你可以從多如繁星的未來中選擇出自己喜歡的未來。

是的，到此為止都還只是暖身運動。

現在，就請決定出對你而言迫不及待的未來吧！

用心感受，不思考寫下一百件願望清單

那麼，就從打草稿開始。

請準備一張寫好數字一到一百的紙（可以從網址 http://www.gyakusan.net/wish100.pdf 下載 PDF 檔）。

或是請你在筆記本裡寫下號碼，從一寫到一百。

因為要先設定一百個目標，然後在「知道目前進展到哪裡了？還剩下多少沒完成？」的狀態下繼續往下寫，所以一開始就要先把號碼寫好。

還要持續往下寫的內容，包含你想嘗試做的事、想要的東西、想要變成這樣之類

的盼望。

無論大事、小事，大膽的事、無聊的事，或是想要耐心處理的事、希望現在馬上就實現的事，都依照浮現在你腦中的順序，一一寫下來。

完善分類是之後的工作。

現在就這樣亂七八糟的也沒關係。

不是用腦袋思考，而是**將用心感受到的事物直接寫出來，並不逐一加以「判定」**。請不要有「好像做不到」、「寫出這種事真害羞」這種多餘的想法。

有一個注意事項。

請別寫單詞，而是要確實地以完整的句子呈現。

不要只寫「包包」，而是寫「找到喜歡的包包」、「想要○○的包包」、「親手製作包包」、「賣掉沒在使用的包包」、「想要打造包包專用的置物架」，請這樣用句子來表達。

如果只用單字，我們會看不懂自己正在期望怎樣的事物，但延伸成句子之後，就可以清楚明白了。

誠實地寫出自己心裡所想的

句尾部分，要寫出自然的表現法。

就像「要做」、「想做」、「如果做得到就好了」一般的字眼，先寫出腦中靈光乍現的表達。不需要轉換成「完成了」、「做了」、「持續改變」這樣的進行式或完成式。

現在寫的清單，並不是為了改變潛在意識，而是為了要引出深藏在潛意識裡的真心話。

因此，就算只有一點點，都請你不要寫出對自己而言如同撒謊的目標。

請誠實地寫出自己心裡所想要的。

直到習慣以前，或許光是一開頭的十個目標都讓你覺得辛苦。

當你習慣過日子是以場面話、他人的意見為優先，感受自己真心話的感應器就會變得遲鈍。

你想做的事是什麼？要做什麼事才開心？希望變得如何？這些問題的答案，或許你都會搞不清楚。

這種時候，也請你別焦慮，花一點時間一直寫下去吧。

感應器只是反應比較慢而已。

隨著不斷使用，它會找回靈敏度，變得能夠對喜歡的、開心的事物產生反應。

已經習慣列出清單的讀者，就試著開始決定書寫時間。
決定「前往咖啡廳，在三十分鐘內寫滿一百個」也很不錯。
建議你先設定好稍微短一點的時間。
只要企圖在有限的時間內填滿所有空格，就會沒有空閒思考多餘的事情。
所以，才容易引出真心話。
就算有重複的項目也不要在意，字不好看也沒關係。
請先全部寫出來，引出了真心話，再慢慢地把這份清單寫整齊。

願望清單書寫範例，以及書寫頁面 PDF 檔下載網址：
http://www.gyakusan.net/wish100.pdf

10 刪掉不對勁，不對自己說場面話

寫完一百件想做的事情之後，最少先放著過一個晚上；如果可以，就在經過一週左右之後再試著重新檢視。

即使只是空白了一小段時間，心情也是一直在變化的。

寫完之後，就算是你原本想做的事，如果將來興趣消失了，那就把它劃掉。

還有，「總覺得不對勁」的項目也要刪除。

取代這些被刪除的目標，請再把新想到的事情添加進去吧。

藉由去除雜質，水就會愈加變得透明，只要反覆進行這個動作，你真心期望的事情就會變得更加明確。

當明確的目標浮現在腦中，就謄寫在手帳或筆記本中。你可以直接抄寫過去，也可以加以分類，如果在意的話，也可以為句尾加上「完成了」、「做了」、「持續變化」等詞彙，轉換成進行式或完成式。

至於我自己的做法，則是會維持著「要做」、「想做」、「如果做得到就好了」這樣自然的表現。

因為有時一開始是「如果做得到就好了」的輕鬆心情，但到了隔年熱情就會提高，變成斷言「要做」的程度，所以我希望可以盡可能這樣回顧自己心境的變化。

各個類別可以用不同顏色的筆，或是加上標題也很不錯呢。

為了讓自己在檢視時擁有愉快的心情，你也可以嘗試貼上貼紙來裝飾。

11 為什麼有些事會沒有期待感？

完成的清單，應該會充滿著令人迫不及待的事物，但有時我也會聽見這樣的聲音：「我覺得不怎麼開心。」

當我請他們讓我看手帳時，發現看起來確實並不是很愉快。

為什麼會感覺不到期待呢？理由有兩個。

不開心的理由1……從「負數」到「零」這件事並不讓人興奮期待

不開心的理由2……因為只是維持現狀，所以不讓人興奮期待

當我們處於現狀不快樂的狀態——也就是「負數」的狀態時，會希望減輕那個負數，或是讓它消失。

這就是從「負數」到「零」這個範圍中的變化。

比方說，「想要不再加班」、「希望減少夫妻爭吵」……。

就算這是真心話，還是不會感到快樂。

另一個理由，則是維持現狀。

例如「想要（維持現在的）健康就好」這種目標。

即使這也是真心話，還是不容易感受到期待。

因為這是「不想生病」的意思，也就是否定負面目標。

所謂「維持現狀」的願望，其實就是反覆不停地讓「這樣下去會變得負面」的事物歸零。

假設年齡增長，體力就會衰退，或是有哪裡會開始感覺不舒服；先預想到這個可能性，再想辦法不要變成那樣的狀態（＝負面事物的否定）。

無論哪一個理由都有個共通點：他們一直意識到負面的狀態。

當他們一直在思考負面的事，當然就不會覺得開心了。

12 這樣做，把負面期待化為正面期待

不是負面的措辭，而是滿心歡喜的期待，這就屬於正面的狀態。

如果你對於現狀感到不滿，請試著思考：消除這層不滿之後，還會想要做什麼？又想變得如何？

比方說，假設減少了加班時間、增加了自由時間之後，接下來你會想要嘗試做什麼事情呢？

「減少加班之後，我想要學習花藝。」就像這樣，你是否看見了愉快的未來呢？

即使你滿足於現狀，也請試著更加期待愉快的未來。正因為你很健康，所以無論發生任何事都會很開心。

「我想要一直都很有朝氣，就算到了七十歲時也要穿上高跟鞋，在街上昂首闊步。」當你看見了自己未來的模樣，是否會感到迫不及待呢？

藉由讓意識朝向正面領域，而非負面領域，就能看見令人感到雀躍的世界。

讓意識朝向未來，而不是過去

如果再追加一個要訣，那就是試著讓意識朝向未來，而不是過去。

舉例來說，「回到二十歲時的體重」這樣的願望，就是意識朝向著過去。

想像「回到過去」雖然有時會讓人感到迫不及待，但實際上是回不去的。體重這種數據就算變得和過去相同，實際的身材還是有所差異。

「回到二十歲時的體重」在腦中是想像著和當時相同的身體，但無論體型或肌膚

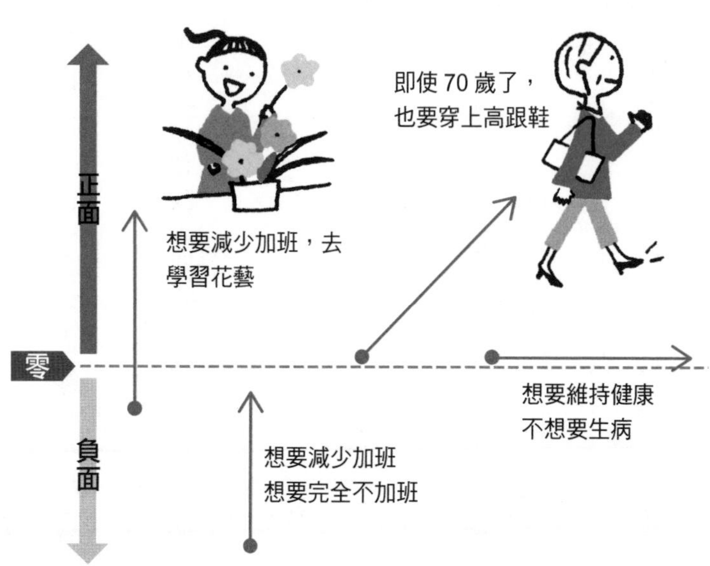

彈性都不一樣了。

因此，請你**試著別讓意識朝向過去，而是邁向未來吧！**不是糾結過去，而是幻想著還沒有看見的未來。

請你嘗試思考「**成為人生史上最棒的自己**」和「**發現未知的自己**」。因為「已經知道的事」並不會讓人感覺迫不及待，但初體驗的事物無論再怎麼微小，都還是會讓人感到迫不及待並且心跳加速。

童年時，我們之所以會經常

感到迫不及待和心跳加速的感覺，是因為那時候發生了前所未有的事，或是我們變得更加擅長某件事，或有許多新的體驗。

即使我們長大成人，無論年齡增長了多少，依然可以找到「人生史上最棒的自己」，或是「發現未知的自己」。

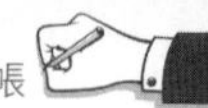

13 不想「能不能做到」，只想「快不快樂」

你是否已經想像著正面的未來，並開始感覺到期待了呢？

或許在感覺到期待的同時，你心中也會湧上「我做不到這種事」如此令人不安的情緒。

即使再怎麼不安，也請你還是不要踩煞車。

實現「不會迫不及待而平安無事的未來」和實現「雖然不知道能否做到，但感覺迫不及待的未來」，哪一個比較好？

你之所以認為自己似乎做不到，是因為現在還不知道方法，只是因為經驗、知識不足而已。我認為，只不過是必要條件尚未備齊。無論任何事都行，請你回想起「五年前還做不到，但如今已經能做到」的一件事。

比方說，五年前的我並不擅長在眾人面前說話，就連自我介紹也會緊張過頭、臉色發白，然後好不容易才說出名字。

然而，現在就算是在沒有熟人的客場上進行演講，我也能夠完全不緊張地從容說話了。

這都是我接受聲音訓練、在簡報課程上練習，以及累積了研討會經驗而得來的成果。就算對五年前的我說「再過不久，你就算在眾人面前也能毫不緊張地說話」，我當時應該也無法置信。

你一定也有過這種經驗，過去做不到的事，後來卻做到了。

即使現在認為似乎做不到，但對於五年後、十年後的你來說，也許可以輕鬆地完成。而這份可能性，要是你在嘗試之前就摧毀它，那就太可惜了。

「雖然現在的自己不管怎樣都辦不到，但如果可以做到，就會非常開心！」請珍惜這份感覺。

該怎麼做才能實現呢？答案就在第三章。現在，請你專注於「不虛假地找到自己」的真實期望。

14

把未來寫在紙上，實現速度會加快

當你模模糊糊地看見真實的期望後，終於來到最後一道手續。現在開始，將「**人生願景**」彙整到一張紙上。感覺就像以前在選擇要帶去旅行的東西一樣。現在你要做的工作，就有如將攜帶物品分類、打包，適當地塞進行李箱裡。雖然輕便，但必需品全都已經備齊。請想像這樣的旅行以前準備工作。

只要將「想要這樣」、「如果做得到就好了」的未來彙整到一張紙上，就能讓實現夢想的可能性提高，並且能夠很快地實現。

只要想像這是在玩一個拼圖遊戲，我們就能更容易理解。

如果你有一堆散亂的拼圖片，一種方法是看著圖片完成拼圖，另一種則是在「不

知道會拼成什麼」的情況下進行，這兩種做法你覺得會如何呢？

一邊看著完成圖一邊拼的話，絕對會比較早完成。

就算是同一套拼圖，有完成圖和沒有完成圖的難易度就大不相同。沒有願景的人，就像是在沒有人生完成圖的狀況下過日子。

要讓夢想實現，看著已然實現的狀態會更加有利。

人生願景的製作方式

那麼，讓我們依據「願望清單」來製作人生願景。

人生願景的圓，大致在左、右分為兩個部分（參閱第98至99頁）。

右側的圓是公共部分（Public，社會願景），左側則是私人的部分（Private，個人願景）。

兩邊的下半部是基礎（base），上半部則是活動（activity）之意。整體分為以下八個項目。

右側……公共部分（社會願景）

- 人生功課……能夠懷抱熱情進行，並讓他人幸福的事，是怎樣的事？
- 工作……藉由怎樣的工作，能對世界付諸貢獻？
- 金錢……想要如何使用金錢？
- 人際關係……希望被怎樣的人們包圍？

左側……私人部分（個人願景）

- 樂趣……能讓自己熱衷、會讓自己感覺幸福的事，是怎樣的事？
- 學習成長……接下來想要嘗試學習的事物、希望具備的技能是什麼？想要成為怎樣的人？

- 生活型態……希望住在怎樣的地方，過怎樣的生活？
- 健康……以後想要做什麼事？未來的你會是什麼模樣？

請將右方每一個問題都當作提示，一邊填滿八個項目。從寫在你「一百件願望」清單中，選出強烈盼望「這個一定要實現」的目標，再分配到八個項目裡，就比較容易寫了。

直接抄寫過去，或是用大方向的歸納法來填寫。

有時候你可以平衡地填寫，但應該也有些容易書寫的部分，以及不知該如何書寫才好的部分。

或許有些地方會什麼都沒寫，呈現一片空白。

容易書寫的，都是你平時就有意識到的部分。

寫不出來的，則是你過去沒有意識到的部分。

不用勉強書寫也沒有關係。

空著的狀態，請試著留一點時間給它。
你的腦袋會想要填補空白，所以自然就會找到答案了。

貼照片、畫圖，放大你的想像！

想讓全世界的人都變得很開心。為他們迫不及待的每一天提供具體的①知識技巧②工具③場域。

人生功課

工作

不只在日本，要在世界各地以作家＆演說家的身份進行活動。開發簡單的知識技巧，也開發容易使用的工具，讓所有人都能實踐。創造能相互支持夢想實現的夥伴機制。

金錢

無論是工作或私人生活，都要意識到「投資」，並高明地撥動金錢。為了讓笑容增加而使用金錢。想要成為付得起高額稅金的人。

人際關係

希望我身邊的人，總是笑容滿面、心情好。成為能夠發現別人優點的達人！

確認滿足度！

關於各個項目，你的滿足度有多少呢？請試著寫進圖表中吧！

以十個階段來評價，你的滿足度有多少呢？請在一開始使用手帳時、一年的中途、一年的尾聲時，試著確認滿足度的變化吧！

確認日 2017 年 10 月 1 日

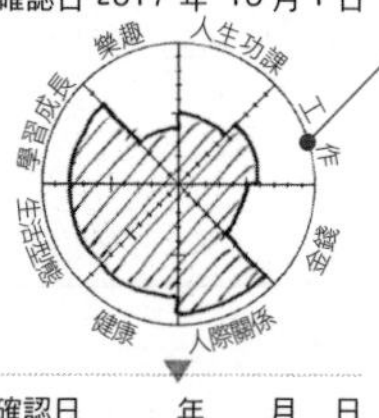

確認日　年　月　日

確認日　年　月　日

樂趣　人生功課　工作　人際關係　健康　生活型態　學習成長

3 檢視滿足程度

你有多滿足？

請分別檢視八個項目。

設定願景時，你的滿足程度是？

請試著用 10 個階段來評價，確認彼此之間的平衡。

希望半年後的自己會變得如何？

請先只把框框畫出來吧。實際上會是如何呢？請在半年後確認。

希望一年後的自己會變得如何？

請先只把框框畫出來吧。實際上會是如何呢？請在一年後確認。

試著從未來的滿足程度往回「逆算」，思考自己需要什麼吧！

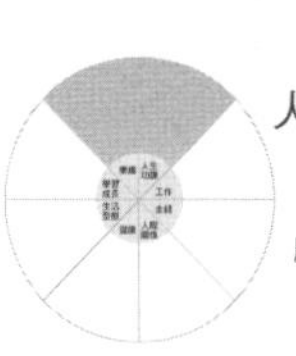

樂趣 ＝ 自己感到幸福

人生志業 ＝ 他人也感到幸福

Life Vision（人生願景），是你「人生的北極星」。

當你習慣每天閱覽，實現的可能性就會更高。為了讓自己看一眼就感覺迫不及待，請把這份「人生願景」寫成一份讓自己忍不住就笑起來的快樂清單吧。當自己幹勁低落、或徬徨著，不知道該做什麼判斷時，就請你試著回顧 Life Vision 吧！

人生願景的製作方式

1 確認價值觀

你希望珍惜怎樣的事物過日子呢？

試著在所有關鍵字中作選擇。如果看過之後並沒有想要的關鍵字，那就請寫在其他欄位。

2 描繪出迫不及待的願景吧。

確認價值觀

關於生活方面，你「想要珍惜」的是怎樣的事呢？
請試著從以下的價值觀關鍵字當中，把想要珍惜的事物圈起來吧！

(自由)　感動　信賴　熱情
正直　誠實　和諧　共鳴
溫柔　幽默　(好奇心)
(挑戰)　積極
領導力　自我表現
豐富　愛　坦率　貢獻
努力　活躍　自信　(安定)
(健康)　平衡　支持
美麗　光彩　簡單
創造性　正義　有行動力
其他（　刺激　）

在上方選擇的項目中，你最想要珍惜的是哪一個？

請選出三個最想珍惜的項目，再用句子表達那些關鍵字對自己來說是什麼意思。用屬於自己的方式定義，就能讓想珍惜的事物變得更加鮮明。

My Best 3

請在圈選出來的關鍵字中選出三個，為它們也加上具體的說明吧！

1: 自由
不受時間、地點、金錢的綑綁，能夠隨心所欲地生活。

2: 貢獻
幫助別人，讓他們快樂，是最大的喜悅。

3: 刺激
希望自己總是迫不及待、興奮期待。

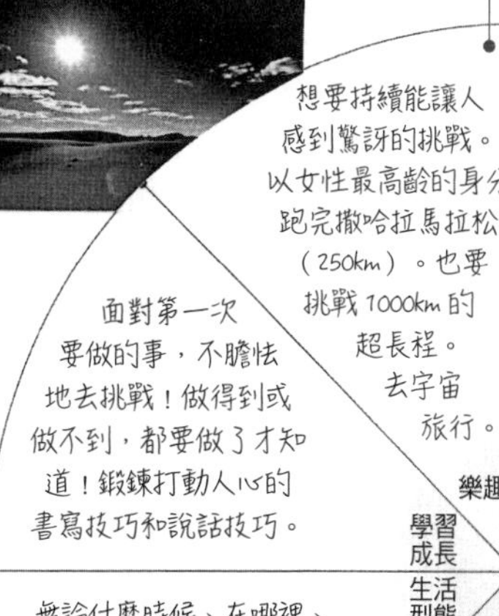

想要持續能讓人感到驚訝的挑戰。以女性最高齡的身分跑完撒哈拉馬拉松（250km）。也要挑戰 1000km 的超長程。去宇宙旅行。
面對第一次要做的事，不膽怯地去挑戰！做得到或做不到，都要做了才知道！鍛鍊打動人心的書寫技巧和說話技巧。
樂趣
學習成長
生活型態
健康
無論什麼時候、在哪裡、做什麼，都維持著自由的狀態。在有如美術館一般簡潔清爽的家中生活。

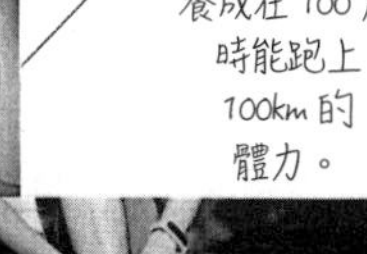

精力充沛地活到 120 歲。養成在 100 歲時能跑上 100km 的體力。

◆ 八個項目的意義

「自己的幸福」和「別人的幸福」都很重要。

讓我們透過將幸福最大化這個方式，讓人生變得更加豐富吧。

15 讓失焦的未來能更清晰的兩個關鍵

人生願景的八個項目都填好之後，你未來的模樣必然變得相當清楚了。

不過，或許你會感覺到還是有一個地方有些模糊。

這時候，就請你用以下這兩個方式讓未來更清晰。

1. 不是用單字，而是使用句子，要表達得讓其他人也能理解

就如我先前提到的「包包」的例子，光用單字並無法理解自己想要把「什麼」變

得「如何」。是想買包包嗎？還是想要親手製作包包呢？還是像要做出一個能夠陳列心愛包包的專用置物架呢？

善用句子來表達，就能達到某程度的具體化。

然而，光是「想要買包包」，別人還是不懂你究竟想要怎樣的包包。是平常購物用的托特包？還是工作上使用、能裝進 A4 文件的硬皮款包包？還是時髦外出時使用的手提包？你是否堅持要特定品牌的包包？對顏色、設計、素材有講究嗎？怎樣的款式才好呢？

如果你的要求是「什麼都好」，萬一包包入手之後，卻又說「我明明之前想要黑色的，不是紅色的……」那可就太遲了。

如果是想要獲得期望的物品，就請你更加詳盡地做出讓他人也能理解的表達。

所謂具體化，就是將「只有自己懂」的表現方法往上提升到「別人也能夠明白」的層次。

2. 貼上完全符合想像的照片

只用語言來表現固然好，但加上了視覺呈現，未來的模樣就會變得更加鮮明。不只利用文字來表達關於包包的細節，用畫圖或貼上照片的方式，就會更加具體而鮮明。

例如，請你找出完全符合「希望一年中有一半都在夏威夷生活」這個夢想的照片，我們就用這個情況來思考。即使說到象徵「夏威夷生活」的照片，對於想要每天都盡情衝浪的人來說，或許海景、衝浪的照片就非常合適；應該也有人會想到POKE波奇生魚丼飯（將生魚肉切塊擺在飯上的夏威夷料理）或Loco moco米飯漢堡（包含米飯、漢堡肉、煎蛋、醬汁或其他配料的夏威夷特色漢堡）。

或許也有些人想要貼的是「在公園裡悠哉地跳著草裙舞」的照片。在尋找符合想像的照片的過程中，願景就會變得更加具體。

要選擇怎樣的照片是你的自由，不過請別選過去自己所拍攝的照片，**請你挑選還**

沒有看過的、具有新鮮感的照片。

因為描繪人生願景這件事，並不是描繪過去，而是未來。從雜誌或旅行觀光手冊中尋找也可以，但因為尺寸不能變動，或許不容易使用。只要在網路上搜尋圖片，就能輕易地找到符合想像的照片，也能調整成恰好符合想貼上位置的尺寸，再列印出來。

至於照片的黏貼方式，請試著參閱《可以實現願望！逆算手帳書》（願いをかなえる！逆算手帳術，暫譯）一書。

當人生願景完成之後，你「飄忽不定」的期望就已經具體化了。「原來我在想這種事啊……」或許你還會有這樣意外的發現。

很多時候我們自以為瞭解自己，其實卻並不然。

就像照了鏡子之後，才會「看見」自己的模樣一般；寫在紙上，才會「看見」在我們腦中和心中的想法。

願景是人生的北極星，瞭解你應該前進的方位。

選項無限多。可以自由地選擇未來

只要找到專屬於自己的「北極星」，就能不再徬徨猶豫，知道應該往哪個方位前進。

第 3 章

逆算第二步，
從未來推算回來

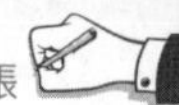

16 制定計畫的三個目的

終於，從這裡開始就是本書的重點了。

讓我們從未來往回「逆算」，再制定計畫。

在這一章，我要告訴你的重點有兩個。一個是「**計畫的制定方式**」。另一個則是關於提高實現夢想可能性的祕訣——「**專案化**」。

或許你會覺得兩個看起來都很難，不過只要知道作法，就一點都不難。讓我們依照順序，一個一個往下看。

在介紹詳細內容之前，讓我們先對「制定計畫究竟是怎麼一回事」有個概念。

制定計畫，是為了創造一條道路通往實現期望的夢想，並且在事前解決能夠預測

的問題，再盡可能順暢地實現夢想。

該怎麼做才能抵達目的地？你必須盡量「看得見」接下來要前進的道路；並不是實行之後才發現「這麼做果然行不通」，而是在實行之前就先找到「這樣下去不會順利」的部分，再事先思考對策。

儘管如此，實行階段中還是會發生意想不到的事，條件和環境也會持續變化。以初期的計畫為基準，持續摸索更好的方法，就能將期望的未來變成現實。

制定計畫的目的

1. **為了創造通往目標的道路**
2. **為了迴避事前能夠預測的問題**
3. **為了從幾個選項中做出較好的選擇**

人生願景完成了，不僅追求的事物會變得清楚，也能瞭解自己應該前進的方位。

就算只是知道「該走哪一條路才好」，都能讓你持續往夢想靠近。

如果你問：「那就不需要計畫了嗎？」也並非如此。在沒有計畫的狀態下前進，就會白費更多力氣，因此需要許多的時間和努力。「前方路不通」、「前方塞車」、「前方危險」……諸如此類，只要事前知道這些問題，就可以繞一點遠路再走了。

如果沒有計畫，就很有可能會遇到死胡同才發現、掉頭往回走，塞在車陣裡焦躁不安；或是被捲入原本應該能避開的麻煩。為了盡可能順暢地實現想做的事，請你先制定出計畫。

還有一件事，你也要先確認好計畫的基本原則。

原則有兩個。第一個是**盡量別訂出完美的計畫**。

「完美的計畫」這種東西，根本就不可能存在。我再重複一次，在實行階段會發生意想不到的事，前提條件、執行環境也隨時都會改變。

即使計畫的時候認為很完美，但只要條件、環境起了變化，就不得不因應這些變化而做出應變，計畫也必須改變。

因此，請先訂出容易變更的內容，也就是具有彈性的計畫。

第二個原則是**從整體開始啟動**，**階段性地詳細化**。這和畫畫的順序相同。繪畫並不是從一開始就要畫出正確的線，而是摸索一下之後，再慢慢地、仔細地描繪下去。

計畫也一樣，即使你試圖制定出詳細的計畫，也無法順利進行。請先決定好輪廓，再依照順序填滿細節。

計畫的基本原則

原則 1　盡量別訂出完美的計畫

×完美的計畫

○有彈性的計畫

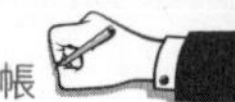

原則2　從整體開始啟動，階段性地詳細化

×細部↓整體

○整體↓細部

17 從「人生」開始計畫，再決定「今天」的行程

現在，讓我們根據人生願景來製作出計畫表。**基礎的計畫表有五種，如下頁中的圖表**。

要環遊世界，只靠一張地圖是不夠的。歐洲全貌地圖、法國地圖、巴黎地圖、飯店周邊的地圖……有好幾種不同比例尺的地圖會更加方便。

計畫表和旅行地圖一樣，也要從整個人生的粗略樣貌開始製作，最後填補「今天要做什麼，才會靠近夢想呢？」這個部分。

這就像是把拼圖的完成圖一直分解成小小的拼圖片一樣。

從整個人生逆算回來，決定今天的預定事項

・世界地圖

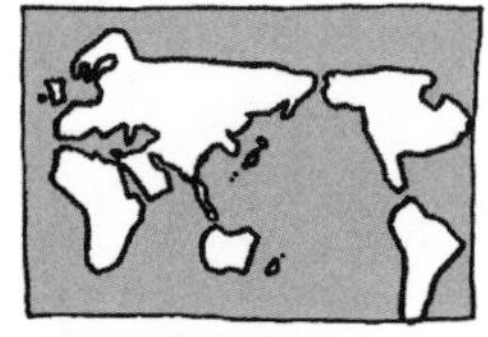

・人生逆算

制定整個人生的粗略計畫。

・區域地圖

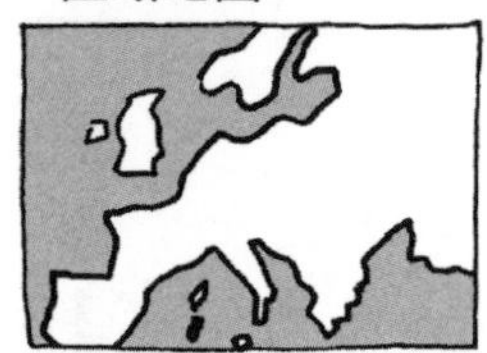

・十年逆算

描繪十年後的願景，開創道路。

・國家地圖

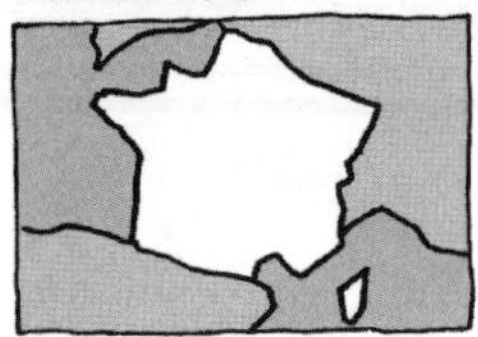

・一年逆算

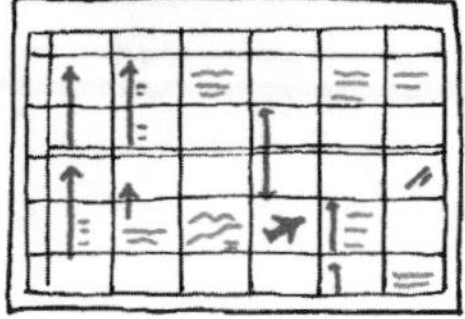

掌握一整年的流程計畫。

・城市地圖

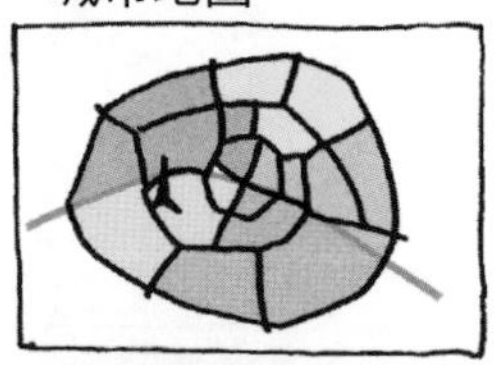

・月份

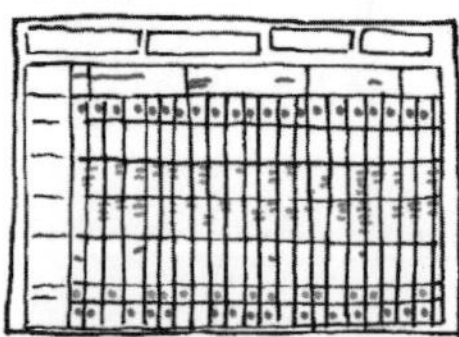

縱覽一整個月，同時取得平衡。

・周邊地圖

・每週

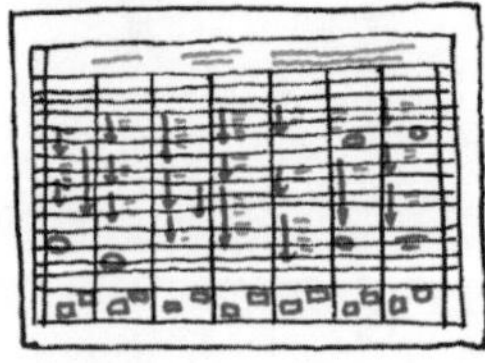

詳細地計畫一整個星期要進行的事。

如果你的手帳只寫著月份以下的預定事項，就和「只有城市和自家、公司周邊的地圖」是相同的狀況。

這和「不曉得世界整體是什麼模樣，只在自己身邊的狹小範圍裡生活」是一樣的情況。

好了，讓我們從整個人生開始，階段性地讓計畫變得更加詳盡。

人生逆算表格的製作方式

在「人生逆算表格」中，我們要制定整個人生的粗略計畫。

我在第98至99頁介紹過的「人生願景」裡，並沒有時間軸。而在人生逆算表格，則大致利用**三個時間軸**來整理「想在什麼時候以前」將目標加以實現。

無論如何都希望早一點、甚至現在立刻實現的事，就填到「想在一年內實現的

事」欄位裡。未必要現在立刻成真，不過希望在幾年內實現的事，則填寫在「想在十年內實現的事」欄位裡。

雖然可以暫時不做，不過希望至少在有生之年做到的事，則填進「想在有生之年實現的事」欄位裡。就用這樣的狀態加以分配。

縱向的項目（列）則要設定對自己來說重要的主題。這是有如「**人生支柱**」一般的目標。

人生願景分成了八個項目，但在這八個項目中，對你人生而言非常重要的事是哪一個？

當你試著以十個階段來評價每一個項目對自己的滿足度，就會看見「人生支柱」的線索。

現在這個時間點的滿足度很低，今後希望提高的項目是哪一個呢？

現狀和未來之間的差距大，意味著需要某種對策。換言之，你需要將理想轉變為實際的計畫。

人生逆算表格的填寫範例

Life GYAKUSAN
〈人生逆算表格〉

想在「什麼時候以前」實現人生願景中描繪的事物呢？請將這些事物加以分類吧！
鎖定在對自己來說重要的主題上，再寫進表格裡。

人的一生短暫，應該做愛好的事情過生活。在夢中的人世間，老是做些不喜歡的事而困苦度日，愚蠢至極。
山本常朝（江戶時代武士）

	① 知識技術	② 工具	③ 社群		馬拉松	挑戰	
想在有生之年實現的事	成為舉世聞名的暢銷作家，為許多人帶來好的影響。 在世界各地進行演講。	將簡單、有效的工具推廣到全世界。	讓會員能有許多成功者輩出。 ↓ 對社會有貢獻的人們。		＊以女性最高齡的身分跑完撒哈拉馬拉松，留名世界紀錄。 ＊100歲時跑完100 km的馬拉松。	晚年（101~123歲）時在月球上生活。	想在有生之年實現的事
想在十年內實現的事	著作超過 20 本。 ↑ 在海外成為暢銷作家。↑ 在國內成為暢銷作家。↑	讓人們認為「逆算手帳」是一本「必備經典手帳」。 讓海外人士也能使用逆算手帳。	會員超過 1 萬人。 最重要的是，知道自己想做的事情是什麼。 —朵貝楊笙（Tove Marika Jansson）		＊跑完 1000km 以上的賽事。 ＊成為該年齡組的第一名！ ＊平時就能跑 40~50km。	＊吉力馬札羅山攻頂。 ＊在南極拍企鵝照片。 ＊在布拉格城堡沈靜悠閒地觀光。 ＊在卡帕多奇亞搭乘熱氣球。	想在十年內實現的事
想在一年內實現的事	將逆算方法系統化，讓它變得簡單又容易理解。 第四本作品問世。	發售版本升級後更加好用的逆算手帳。 讓更多人知道。	打造營運機制。 成立足以成為活動據點的場地。		＊跑完 100km。 ＊每週跑一次 20km。 ＊跑三圈山手線。	＊挑戰跳傘。 ＊訂做洋裝。 ＊參加演說講座。	想在一年內實現的事

這裡彙整了構成整個人生輪廓的計畫。

選出對你人生重要的主題，利用三個時間軸來整理。

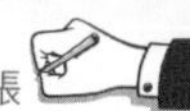

比方說，如果「工作」很重要，你就必須制定職涯或商業計畫。

以我來說，我最想做的事就是「人生功課」的內容，現在我已經將它商業化，所以「人生功課」和「工作」就合而為一了。

具體而言，為了使更多的人感到開心，我會繼續提供專業知識（know-how）、工具（tool）、社群（community）這三個部分。

我將這三個部分設定為「人生功課＋工作」裡的三個支柱，再分別依照這三個支柱制定各自的計畫。

請再次凝視你的人生願景圖。

你人生中的重要事項，是怎樣的事呢？

需要計畫的是怎樣的內容呢？

主題設定上雖然不一定有規則，不過在人生願景的左邊和右邊，建議你最少要從公共部分（Public，社會願景）和私人部分（Private，個人願景）中各選出一個主題。

人類是社會性的動物，只思考自己的事而生存並不是一件自然的事；儘管如此，只把他人的事視為優先考慮而生活，也會失去平衡。無論是自己或是身邊人的幸福都要追求，並且讓幸福最大化，人生才會充實。

和人生願景相同，**如果有填不滿的部分，就先讓它們這樣空著即可**。經常隨身帶著手帳或筆記本，有時碰到就看一下，點子就一定會閃現。空白的空間裡，就先貼上能放大想像的照片。

其他計畫表也是如此，不必一次就寫完。**隨著自己的成長，願景和計畫都將會持續進化**。

請盡可能不要一次就制定出完美的計畫。回憶一下計畫的基本原則。並非完美計畫，而是要制定出有彈性的計畫。

尤其我們不需要細微地決定整個人生計畫的細節。說到底，只要先決定好人生的輪廓就夠了。

18

為什麼我們會拖延自己的夢想？

許久不見的朋友說：「好想減肥喔！」

三年前，他確實也說過想要減肥。

其他朋友則是每次見面時，都會一邊看著我的牙齒，一邊說：「我也來去矯正牙齒好啦！」

五年前說過「想要出書」的友人，現在不僅沒寫書，就連企畫書也沒寫。

究竟要到什麼時候，他們才會做想做的事呢？

即使是習慣延宕想做的事的人，也能嚴守工作上的截止時間，並確實守住與他人的約定。

明明必須做的事情都辦得到，卻做不到想做的事，這是為什麼？

我的口頭禪是：「什麼時候要做那件事？」「想要在什麼時候以前實現呢？」

如果有人對我說：「好想減肥喔！」我就會問：「什麼時候以前要減？」

如果有人對我說：「我想辭掉工作，成為自由工作者。」我就會問：「什麼時候？什麼時候前要辭掉工作？」

因為**「什麼時候？」、「什麼時候之前？」這類型的問題，會打開逆算思考的開關**。

「夏天之前要瘦下來」、「希望明年三月離職」，如同這樣的句子，當自己為想做的事決定了截止時間，「那該怎麼做才好呢？」你就會開始具體地思考必須要開始做些什麼。

會拖延想做的事，是因為你沒有決定出截止時間。

有些人討厭決定截止時間，但「想做的事截止時間」，就是自己的夢想成真的那一天。

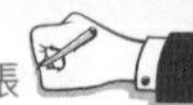

你不必討厭這件事。請決定要在何時之前實現目標，並轉換成逆算思考。

十年逆算表格的製作方式

用「人生逆算表格」畫出了整個人生的輪廓之後，下一步就是利用「十年逆算表格」來制定接下來十年的前景預測。

關於「想在十年內實現的事」，請你具體地思考這個問題：「什麼時候要做？」十年逆算表格的縱向項目，也要設定對自己而言重要的主題。即使和人生逆算表格完全相同也無妨，你也可以加以變更。因為在「整個人生」長時間裡重要的事，和「限定十年內思考」的重要的事，有可能並不相同。

制定計畫之前，請一開始就在「年」的下方寫上自己的年齡。

十年之後，我們當然都會比現在老十歲。即使這是腦子裡明白的事，透過實際寫上年齡再來瀏覽，必然能有更真實的感受。不僅如此，也請試著使用筆記本欄位之類的地方紀錄家人的年齡。

當你準備到這個程度之後，再將最上方的「十年後的欄位」具體地寫上去。

之前我提過，所謂「具體」不是只有讓自己明白而已，而是也讓別人能夠理解的程度。

請試著用句子來表達，讓十年後的模樣能夠化作為影像來想像。

為了這麼做，十年後的欄位要先騰出較大的空間。

是否變成「十年後真讓人迫不及待！」這樣令人期待的想像了呢？請回想一下第二章的暖身運動。

是否變成「持續下去，應該會這樣發展」具現實感的未來了呢？

對於那個未來，你感覺迫不及待嗎？

就算真的實現了「不讓人期待而且平淡無趣的未來」，也不會感到快樂。

接下來，你要在每一年的欄位裡都寫上「從十年後往回逆算，應該做的事」。

十年逆算表格的書寫範例

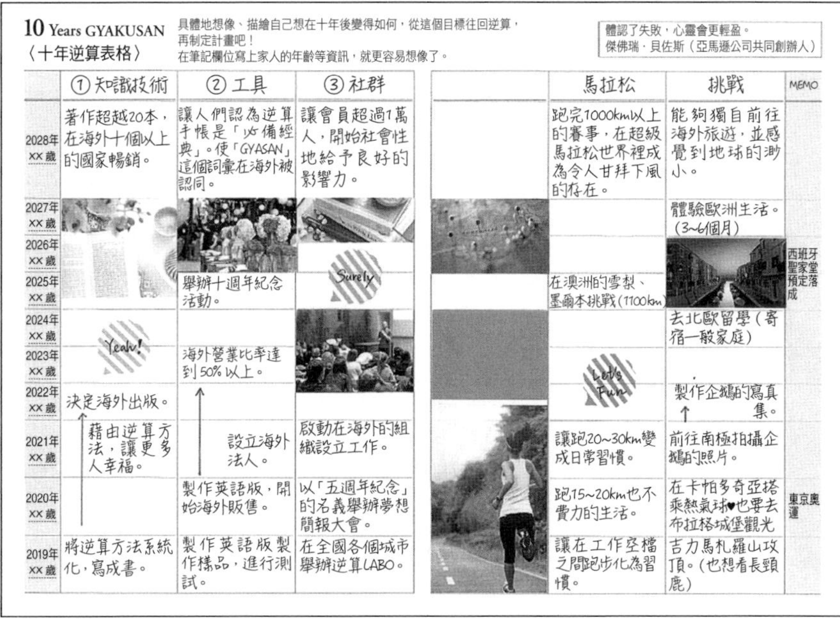

10 Years GYAKUSAN
〈十年逆算表格〉

具體地想像、描繪自己想在十年後變得如何，從這個目標往回逆算，
再制定計畫吧！
在筆記欄位寫上家人的年齡等資訊，就更容易想像了。

體認了失敗，心靈會更輕盈。
傑佛瑞．貝佐斯（亞馬遜公司共同創辦人）

	①知識技術	②工具	③社群		馬拉松	挑戰	MEMO
2028年 XX歲	著作超越20本，在海外十個以上的國家暢銷。	讓人們認為逆算手帳是「必備經典」。使「GYASAN」這個詞彙在海外被認同。	讓會員超過1萬人，開始社會性地給予良好的影響力。		跑完1000km以上的賽事，在超級馬拉松世界裡成為令人甘拜下風的存在。	能夠獨自前往海外旅遊，並感覺到地球的渺小。	
2027年 XX歲						體驗歐洲生活。(3~6個月)	
2026年 XX歲							西班牙聖家堂預定落成
2025年 XX歲		舉辦十週年紀念活動。			在澳洲的雪梨、墨爾本挑戰(1100km)		
2024年 XX歲						去北歐留學(寄宿一般家庭)	
2023年 XX歲		海外營業比率達到50%以上。					
2022年 XX歲	決定海外出版。	↑				製作企鵝的寫真集。	
2021年 XX歲	↑ 藉由逆算方法，讓更多人幸福。	設立海外法人。	啟動在海外的組織設立工作。		讓跑20~30km變成日常習慣。	↑ 前往南極拍攝企鵝的照片。	
2020年 XX歲		製作英語版，開始海外販售。	以「五週年紀念」的名義舉辦夢想簡報大會。		跑15~20km也不費力的生活。	在卡帕多奇亞搭乘熱氣球♥也要去布拉格城堡觀光	東京奧運
2019年 XX歲	將逆算方法系統化，寫成書。	製作英語版製作樣品，進行測試。	在全國各個城市舉辦逆算LABO。		讓在工作空檔之間跑步化為習慣。	吉力馬札羅山攻頂。(也想看長頸鹿)	

重要的是具體地表達出「十年後希望變得如何」。
請詳盡地寫下「令人期待的十年後」，再往回逆算吧！

19 無法想像，只是因為你資訊不足、線索不夠

十年之後，你會成為什麼模樣，過著怎樣的生活，和怎樣的人們一起做著什麼樣的工作？

家人會如何呢？

老實說，或許你從來沒有認真地想過這些事。

平時滿腦子都是當天要做的事，最起碼只會把下週的預定事項掛在心上而已。別說是十年之後了，就連「一年之後會變得如何」，你可能都沒有認真地思考過。所以就算突然有人對你說「具體地思考十年之後吧！」這種話，或許你連想像也沒辦法，還會因此感到很困惑。

不過，你之所以無法想像，是因為沒有備齊必要素材的緣故，因為資訊不足；在你的身邊，有大你十歲以上的朋友或認識的人嗎？

你是否老是和同年代的人們來往呢？

我們無法想像完全沒看過、也沒聽過的事物。為了想像未知的事物，就需要足以構成線索的素材。

要思考十年之後的生活樣貌，容易理解的線索就是「大自己十歲的前輩的生活方式」。

不是只有一個或兩個人，請試著盡可能將許多前輩的人生作為參考。

身邊的人當然是一定要的，你也可以從電視、電影、雜誌、漫畫當中找到線索。

在第五章，我將會介紹「三十歲上下」、「四十歲前後」、「五十歲左右」這三個世代的模範案例，也請你參考看看。

20

十年後，你想成為哪個領域的專家？

為了想像十年後令人期待的未來，有一個必要的思考方式。

那就是：如果十年後你可能會在某個領域成為優秀的人才。而且在現在這個時間點上，這件事有可能尚未開始。

十年後的自己，或許會從事和現在截然不同的工作。

你認為「十年」這段時間很長嗎？

如果你認為沒有那麼等不及這件事，那最好一開始就放棄。

但是，如果是一件讓你覺得「經過十年還是想要做」的事，那就肯定有嘗試挑戰的價值了。

在我十年前寫的筆記本中，寫著「我要在二〇一七年以前，確立自己設計自己人生的方式」。

究竟是以怎樣的方式？寫下這句話的時候，就連我自己也完全搞不清楚；但我在二〇一六年開發了逆算手帳、成立了新公司，而在二〇一八年的現在，還寫了推廣逆算思考的書。

雖然有些許誤差，但幾乎都按照筆記本裡所寫的發生了。

即使是現在的你似乎做不到的事，如果是十年後的你，或許就能辦到了。

接下來的十年，你要用來放棄你想做的事，還是要試著挑戰看看呢？你可以自己做出選擇。

21

放下完美主義，不為小事而煩惱

如果從整個人生來看，相差個幾年都還在誤差範圍內。

制定十年前景時，難免會因為雞毛蒜皮的小事而感到煩惱。請確實了解制定十年逆算計畫的概要。

重要的是，是否有掌握那些一定不可免除的關鍵要事。

雖然似乎很囉唆，但請你盡量別訂出完美的計畫。

例如旅行的計畫。你是那種「不詳細地制定計畫，就感覺不舒服」的人嗎？

或者是連要去哪裡都不決定，也不做任何準備，就漫無目標地來一趟流浪之旅的類型呢？

旅行目的不同，方法也有所不同，但在許多情況下，應該都是只會在「這裡無法免除」這個部分先訂出詳盡的計畫。

如果要到海外觀光旅遊，至少應該都會先訂好機票和住宿；為了避免趕不上飛機，包含幾點出門、用什麼路線前往機場，或許你都會詳細地調查，也會設定鬧鐘不讓自己睡過頭。

你會先抓出幾個想觀光的地點，如果要去美術館，就會先查好休館日；如果是無論如何都想觀賞的人氣歌劇，可能還要在國內就先安排好票券。

儘管如此，在當地的預定行程就不可能會先以「分鐘」為單位來決定了，否則會演變成痛苦之旅。在街上散步時，或許你會發現喜歡的咖啡廳或店家，也可能會迷上挑選伴手禮。在這種時候，如果你還焦慮地想「還有一分鐘，就必須前往下一個觀光點了」，應該要快樂的休假旅行也會變成壓力。

實現夢想的十年計畫也要預留一些空間，所以請你盡可能確實地把重點放在「不能免除的事情」上。

22 打破「不清楚」的三方法

十年後的未來，對現在的你來說是未知的世界。你知道在前往未來的道路上，「無法免除的重點」是怎樣的事情嗎？

或許有時候，你在某程度上可以判斷得出來，但如果是第一次做，不知道也是正常的。如果不知道，你會怎麼辦呢？

你不能「因為不知道，所以我不會寫計畫」而停下腳步。當你因為「不知道」而停止了思考，就會在「做不到」的情況下結束。

只要用之前那個旅行的例子來思考，應該就很容易理解了。如果是第一次去的地方，有哪些觀光景點？有怎樣好吃的食物？你一定有一大堆不清楚或不知道的事。

你會因為「不清楚」而放棄旅行嗎？

你並不會因此而放棄。你一定會用旅行書或網站來查詢，或到旅行社的窗口去請教，問問曾經去過的人，藉由這些方法來蒐集情報；這樣蒐集情報之後，就一定會自己決定出「無論如何也無法免除的事」了。

打破「不清楚」的方法

1. **調查**
2. **請教**
3. **尋找已經有過經驗的人**

如果是旅行計畫，我認為去旅行社的窗口請教是很有效的方法。因為在旅行社工作的人通常會是旅遊愛好者，而且知識與經驗也都很豐富。

不過，如果你想去的是有點特殊的地方，而負責窗口也沒去過那裡，請他指點並

不足夠。尋找去過的人，再向那個人請教，就會更加確實了。

比方說，如果是關於巴黎這個城市，不僅資訊豐富，旅行社的人應該也會對那裡很熟悉；但如果是南極，這樣做就行不通了。不但身邊沒有去過南極的人，說到底也沒有人會想要去南極。

因此，我會將「去南極拍企鵝的照片」寫在手帳裡，讓各式各樣的人看，或是告訴他們「我想去南極」。

這麼做之後，我就遇到了對自己說「我朋友現在人正在南極喔。他春天會回來，回國後我們一起吃個飯吧」的人。後來不僅實現聚餐了，我也真的向他請教了很多關於南極和企鵝的事情。

製作問題清單

雖然有點偏離主題，但其實實現夢想的方式也是一樣。

如果你不知道該怎麼做才能實現自己想做的事，首先請你先做調查。

假使有人願意告訴你，就向他請教。

如果可以，去找有過類似經驗的人來詢問，即使不是你的夢想，還是可以找到實現了相近事情的人。

當你能請教有經驗的人，先製作好問題清單是一種禮貌。

簡潔明確地說明你想要實現的事之後，再拜託他們告訴你那些事的細節。

我製作問題清單時，包含失敗的事、以及如何處理失敗等這些問題也都會列入。

請回想一下你制定計畫的目的。預測到事前能夠避免的問題，也是制定計畫的目的之一。

可能會經歷怎樣的失敗？如果失敗了，又該怎麼處理才好？只要你事先知道這些問題的答案，就能制定出更棒的計畫了。

23 實現夢想所需的五元素

當你用前述的三個方法打破了「不清楚」之後，就可以試著將「夢想實現所需的元素」分解成以下五個項目。

- **需要的時間**
- **需要的金錢**
- **需要的事（要做的事）**
- **需要的東西（知識、技術、經驗、工具等）**
- **需要的人（工作人員、訂貨方）**

第一章的「逆算」案例中，我們已經嘗試「逆算」了時間、應該做的事和必要的東西。先分成自己要做的事、請主管或其他部門準備的事之後，再來思考以下問題。在實現自己的夢想時，你不必自己做全部需要的事。倒不如說，你應該盡可能借助他人的力量。因為請許多人幫忙，實現的速度更會往上提升。

另一個需要「逆算」的是金錢。如果你的十年計畫中有留學、購買房屋、搬家、創業這類需要大量金錢的目標，金錢計畫也就變得很必要了。

這五個元素互有關聯。如果時間不夠，或許能用錢來解決；舉凡支付給幫手的錢，並非自學、而是去學校上課的錢，購買用來提升工作效率的工具費用，都是這樣的狀況。

反之，如果是錢不夠，或許就能用時間來解決。例如為了抑制支出，就要竭盡所能地自己執行。假設你沒有時間學會必要的知識、技能，就要思考能向怎樣的人補足這些東西。

假使在這五個元素當中，有某一個元素成為了瓶頸，就請你思考是否能用其他要素來彌補。將需要的事分成五個元素、相互調整，就可以實現更有現實感的計畫了。

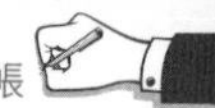

24 一年逆算計畫的五步驟

當「人生逆算表格」和「十年逆算表格」完成之後，你應該能看見一條大致成形的道路了。若以地圖來說，那就是拿到了世界地圖和區域地圖的意思。

接下來你要製作的，就是對應到國家地圖的「**一年逆算表格**」。然後我們就要慢慢地制定出詳細的計畫，所以讓我先來介紹制定詳細計畫的五個步驟。

1. **仔細調查必要的項目**
2. **決定有效率地進展順序**

3. **預估各個項目需要的時間**
4. **決定用來確認進展狀況的檢視重點**
5. **決定什麼時候要做**

1. 仔細調查必要的項目

仔細調查需要的事，和之前的作法相同。

在要「逆算」的五件事裡，除了時間之外，你還要仔細查出金錢、事情、東西、人這四個要素。思考時就用「東西、人、金錢、事情」這樣的順序，應該就能很容易地理解。

比方說，假設你決定為了減肥而展開訓練，首先要思考的就是必需品。至少要準備一雙運動鞋，如果可以的話，或許你也會想買一套讓你興致高昂的服裝。

如果你是第一次準備這些東西，所以不知道該買怎樣的東西才好，那麼去找能給你建議的朋友會更好。

你要思考向誰請教是最好的。這時候，或許也能請對方告訴你大約需要多少預算。或者你要先上網搜尋，掌握運動鞋的市場行情。仔細查出其他也需要的東西，再製作出最後要做的事情清單。舉例來說：

- 向○○先生請教如何挑選鞋子
- 去買鞋子
- 找到容易使用的訓練APP
- 上網訂購可以知道體脂肪率和肌肉量的體脂測量器
- 嘗試讀一本應該很容易讀的訓練入門書

雖然這件事不是很重要，不過我以前開始跑步時，因為是第一次跑，也會感到不安，於是就買了太多「最好要有」的東西，結果絕大多數都成了浪費。

如果你無法看清對自己而言什麼才是重要的，就會被「最好要有」、「先知道比較好」這類不需要的事物給迷惑。

備齊最低限度需要的東西再開始，或是最好等到真正需要的東西都準備好了，再現買現用，都是我從失敗中得到的教訓。有「我要全部妥善準備好之後再開始」這種想法的讀者，也請你特別留意。

還有一件事希望你能留意。

這件事是關於尋求建議的對象。總是帶著大包包走路，卻花很多時間才拿出需要的東西的人，以及桌上有一大堆東西，工作步調不夠迅速的人——

如果你向前述這樣的人尋求建議，「最好要有」、「最好要做」、「最好先知道」、「最好要完成」……他們很容易就會告訴你，這些事物真的都很必要。

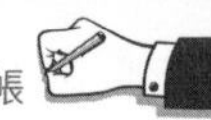

當然，他們都是沒有惡意的，也出自於好心給了你建議；但如果全盤接受了，你浪費時間、金錢、能量的可能性就會提高。為什麼？因為無法整理物品的人，也就無法清楚地分辨出重要的事和不重要的事，也很不擅長整理思緒，所以容易白費力氣。

「已經實現了自己想實現的事」的人都很適合作為你的範本，接下來請你向他們尋求建議。

以減肥這個例子來說，那種「明明跑了很久卻有啤酒肚」的前輩就很不適合當作範本。因為你是為了減肥才打算慢跑的，所以請去向實際因為慢跑而讓身材變得精實的人尋求建議。

一旦向錯誤的人尋求建議，就會接收到錯誤的建議，於是白費力氣，繞了遠路。

當我寫出這段文字，會有人反駁：「不，白費力氣也很重要，太過要求精實的計畫會讓人喘不過去。」但正因為免除了白費力氣這個階段，才會有空白，而讓「充裕感」隨之產生。

只要減少時間、金錢和能量的浪費，時間就會變得充裕，金錢也變得寬裕，心境也將會相對變得更加穩定。

2. 決定有效率地進展順序

好了，言歸正傳。讓我們進入制定計畫的第二個步驟。確立了需要的事之後，就要**思考有效率地進行的順序**。

在前面提到的那五個項目裡，你最好先閱讀入門書。擁有先備知識之後，再來製作問題清單之後，再去和能給予建議的朋友見面比較好。

如果能請他告訴你推薦的 APP 或體脂測量器，就可以作為參考。

3. 預估各個項目需要的時間

第三個步驟是**預估時間**。

思考關於每一個項目，可能要花費多少時間。

4. 決定用來確認進展狀況的檢視重點

第四個步驟是**決定用以確認進展狀況的基準**，但這個減肥案例要做的事很單純，不需要那麼多的時間，所以可以省略。

5. 決定什麼時候做

最後一個步驟，則是**決定什麼時候要做**，這就是時程安排。第三章裡一直都在寫計畫的制定方式，也就是關於計畫制定該怎麼做。你知道「計畫制定」和「行程安排」的不同之處嗎？

許多讀者都是為了管理行程而使用手帳。什麼時候要做什麼事？從幾月幾號幾點開始要在某地商談？為了不忘記這些預定事項，他們會把資訊都記錄在在手帳裡。絕大多數的人都只做到這裡就結束了。

處理了「必須做的事」，除此之外的事全都順其自然、漫無目的的狀態下度過嗎？只有做行程管理才有這樣的情況。

似乎也有許多人會用手帳來進行任務管理。所謂任務管理，意指將要做的事調查清楚，決定要在何時之前做，並且管理這些工作是否已經執行。有時候也要以緊急性、重要性為基準，再決定處理的順序。

即使在逆算計畫制定的五個步驟中，我們會思考調查要做的事，以及有效率地實施的順序，但在那之前，順序就是先把想追求的未來作為明確的願景，再從未來往回逆算、加以導出的過程。

如果用普通的任務管理，「最好要做」、「最好要完成」這樣的項目都會混雜其中，但因為追求的事物沒有很明確，所以無法清楚分辨是否需要。

結果，就是過著「永遠被做不完的應辦事項追著跑」的日子。別只因為做到行程管理或任務管理而感到滿足，請務必嘗試一下制定逆算計畫。

一年逆算表格的製作方式

當你知道將計畫變得更詳細的方法之後，就嘗試開始用「一年逆算表格」來制定一整年的計畫。

和「人生逆算表格」、「十年逆算表格」相比，「一年逆算表格」是更詳細的計畫，但因為這只是要制定一整年的前景預測事項，所以只要是稍微摸索一下的程度即可。儘管如此，還是要請你確實掌握住「這裡無法免除！」的重點。

首先，先決定縱向項目的主題。和「人生逆算表格」、「十年逆算表格」相同也可以，要加以改變也可以；如果限定在一整年，就請嘗試思考重要的主題。

接著你要寫的，是最上方的「人生願景」這個項目。你希望在年底十二月三十一日的午夜之前變得如何？請具體地寫在這裡。請容我再次重複，所謂「具體」不是用只有自己明白的表現，而是用別人也能理解的層次來表達。

並不是在年底寫上「好像可以變得如何」，而是寫出「如果變成這樣，我會非常興奮」的未來模樣。因為所謂願景，是指令人迫不及待的未來。

接著再往下寫，從年底的願景往回逆算，在每個月份寫上必須做的事。

要仔細找出必須做的事時，我經常使用的是「也就是說……？」這個問題。「年底時會變成這樣，也就是說，在那之前一定要有什麼已經完成了呢？」、「也就是

一年逆算表格的紀錄範例

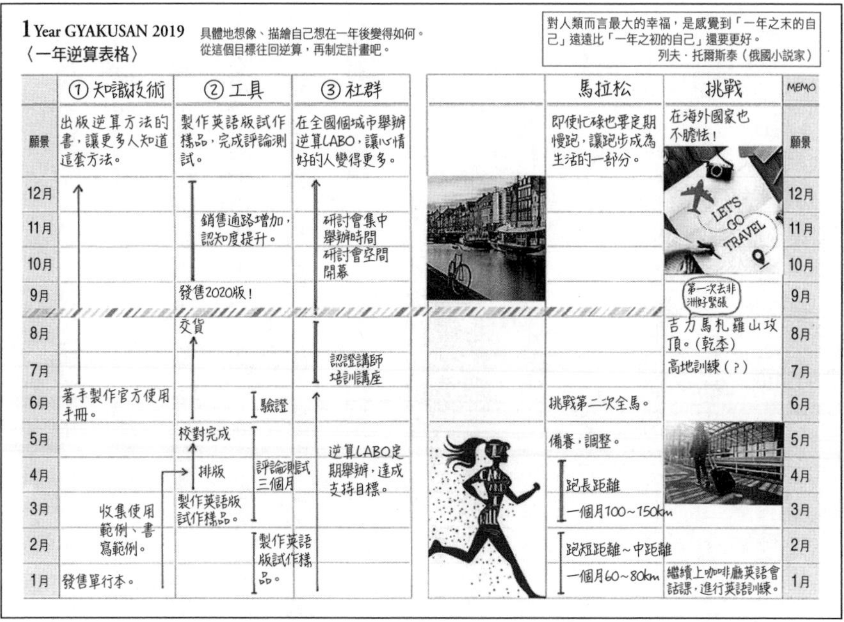

1 Year GYAKUSAN 2019
〈一年逆算表格〉

具體地想像、描繪自己想在一年後變得如何。
從這個目標往回逆算，再制定計畫吧。

對人類而言最大的幸福，是感覺到「一年之末的自己」遠遠比「一年之初的自己」還要更好。
列夫・托爾斯泰（俄國小說家）

	①知識技術	②工具	③社群		馬拉松	挑戰	MEMO
願景	出版逆算方法的書，讓更多人知道這套方法。	製作英語版試作樣品，完成評論測試。	在全國個城市舉辦逆算LABO，讓心情好的人變得更多。		即使忙碌也要定期慢跑，讓跑步成為生活的一部分。	在海外國家也不膽怯！	願景
12月							12月
11月		銷售通路增加，認知度提升。	研討會集中舉辦時間				11月
10月			研討會空間開幕				10月
9月		發售2020版！				第一次去非洲好緊張	9月
8月		交貨				吉力馬札羅山攻頂。（乾杯）	8月
7月			認證講師培訓講座			高地訓練（？）	7月
6月	著手製作官方使用手冊。	驗證			挑戰第二次全馬。		6月
5月		校對完成	逆算LABO定期舉辦，達成支持目標。		備賽，調整。		5月
4月		排版 評論測試三個月			跑長距離		4月
3月	收集使用範例、書寫範例。	製作英語版試作樣品。			一個月100～150km		3月
2月		製作英語版試作樣品。			跑短距離～中距離		2月
1月	發售單行本。				一個月60～80km	繼續上咖啡廳英語會話課，進行英語訓練。	1月

年底（12 月 31 日的時間點）變得如何，會讓你感到迫不及待嗎？
為了達到這個目的，要在什麼時候之前必須做好什麼？請仔細找出答案吧！

說，在什麼時候之前需要什麼？」、「也就是說，要做好怎樣的準備呢？」諸如此類，持續反覆這樣的問題。

找出必須做的事之後，請意識到逆算計畫制定的五個步驟，思考為了有效率地往前走，自己應該按照怎樣的順序走才好。

還在概算的程度也無妨，在你同時預估了實施各個項目會花費多少時間後，再分配到每一個月份裡。

25 「專案化」，讓任何事都能順利進行

「一年逆算表格」完成之後，我們大致上已經接近現實了。

但是在這個程度上，我們還不知道「今天要做什麼，才會接近夢想」；計畫是要從「整個人生」開始，往下決定「今天」要做的事。這個月要進展到什麼地方？這個禮拜要做到哪裡？一直到今天要做什麼？請依序把計畫變得更加詳細。

將一整年的計畫填入每個月的計畫之前，我要為你一個介紹提高夢想實現可能性的祕訣：「專案化」。

就算聽到「專案化」這個詞，或許你還是會覺得一頭霧水。

不過，知道這個詞和不知道這個詞，結果會截然不同。

逆算手帳的使用者們也一樣，一開始也是有許多人都不知道「專案化」是什麼意思，但如今他們都已經實際感受到，只要做到「專案化」，進行各式各樣的事情都會變得很順利。如果你也瞭解「專案化」的意思，一定也會想要現在就馬上開始做。

試著將各式各樣的事都「專案化」

當我察覺到只要「專案化」，各式各樣的事都會順利進行時，正是在我減肥成功的時候。

世界上有無數的減肥法，就連我的生活周遭，也有人持續了好幾年都在努力減肥中。儘管減肥方式五花八門，但還是有許多人在減肥上遇到了挫折，也有人雖然曾經成功過一次，依然復胖了。在我第一次下定決心要減肥時，我認為必須要非常認真地執行這件事。

所以，我打開了手帳。

首先是進行減肥的目的，接著是期限、數據目標、減肥後希望變得如何；還有為了成功減肥，要採取怎樣的作戰、怎麼規劃預算、要借助誰的幫忙、需要的東西是什麼……我把這些答案都寫了出來。

減肥的結果非常成功。我原本預計用一年的時間來執行，但半年內就成功地達到了數據目標；不僅如此，我曾經非常討厭的運動，如今也成為了我生活的一部分。

應該是很困難的減肥，為什麼會順利成功了？

為了把理由弄清楚，我試著回顧手帳裡寫的內容。裡頭寫著的，是對我而言理所當然的減肥定義。

原本以為「必須認真執行」的我，自然地用和平常工作相同的方式來執行減肥。大學畢業後，我從事系統工程師的工作，因此工作全都是以「專案」為單位。後來，雖然是以自由工作者的身份展開了網頁製作的工作，但工作的作法還是一樣，全都是專案。我心想，搞不好只要「專案化」了，其他事情也會順利地進行？我設定這樣的假說，然後開始驗證的實驗。

因為不擅長管理金錢，所以整理出金錢流向的專案。

把亂到不行的家整理好的專案。

雖然減肥成功了，卻深感沒有體力，於是展開了提升體力的專案。

反省自己用現在這種外表見人實在很糟糕，所以啟動了改善容貌的專案。

為了消除童年時期就有的自卑感，因此展開了漂亮文字專案。

除此之外，我也嘗試用各種專案來實驗，結果假說是正確的。

藉由「專案化」，果然讓各式各樣的事都順利進行了。

如何？

你是不是也想要嘗試「專案化」了呢？

用「專案化」來接近夢想

輕飄飄的願望 → 用「專案化」來接近夢想實現。

好想要再瘦一點喔！ → 減肥專案

啊～如果可以寫出漂亮的字就好了 → 漂亮文字專案

雖然知道應該要整理 → 整理專案

一直維持籠統的願望，就很難改變現實狀態。

只要決定好「在什麼時候之前？」、「想要變得如何？」，就能夠製作具體的執行計畫。

26 到底什麼是「專案」？

雖然經常聽見「專案」這個詞彙，但你能夠具體說明它是怎樣的東西嗎？該如何掌握專案？答案因人而異，在這本書中，我定義為**所謂專案，就是在期限內達成目標的活動**。

「在什麼時候以前？」、「為了什麼？」、「想把什麼事變得如何？（想讓它如何發生變化？）」換言之，藉由決定期限、目的、目標這三個元素，就能讓各式各樣的事物「專案化」。

為什麼我要使用「專案化」這個詞彙？這是為了強調將一般而言不會成為專案的事（例如減肥、整理等），也刻意當作「一個專案」來執行。

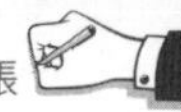

「想要變得能寫出漂亮的字」這種事，一般而言也不會成為專案。有了籠統的想法，然後就在一個意想不到的瞬間，例如必須用手寫出收件人姓名、地址時，或是在婚禮接待處必須寫下名字和地址時，你才會想起「啊，如果字可以寫得漂亮一點那就好了。」

但是，你不知不覺中就忘了這件事，在下一個「意想不到的瞬間」又會想起來，就這樣重蹈覆轍。到國外旅行時，深感「如果會說英文就好了」，回國時就下定決心：「就是這次，我要把英文學好！」

但是，一旦回到了日常生活，這個決心也會在不知不覺間就忘記了。

明明想著「我要瘦、我要瘦」，卻輸給了美味的食物。

想要整理，雖然這麼想，卻說很忙、今天很累，反覆地找藉口；結果過了好幾個月，還是一丁點兒都沒整裡。

你有過這樣的經驗嗎？

把對自己而言真正重要的事設為專案

為什麼會演變成這樣的局面？原因是沒有先決定期限。「在什麼時候之前？」這個問題會打開逆算思考的開關。

之所以會延宕想做的事，是因為沒有決定截止時間。

但是，光是這樣還不夠。

雖然明白每件事最好都要做，但即使不做也不會立即感覺到困擾。雖然「想做這件事」的心情是真的，但其他必須趕緊去做的事卻堆得像山一樣高。因此，即使自己決定了截止時間，你也會先以其他事為優先。

「為了什麼？」對自己提出這個問題，並且試著以句子來表達，就能夠知道這件事是否對自己來說是不是真正重要的。

如果能讓目的變得明確，並且接受對自己來說是重要的事，優先程度就會改變。

一定有些事情是雖然你一直深信非做不可，但其實卻是沒有必要，或是優先程度比較

低的情況。

只要你看清了重要的事，應該就不會輕易地延遲了。

還有一件必要的事，就是把「想把什麼事變得如何（想讓它發生怎樣的變化）？」這個問題給弄清楚。

無論是「想要變瘦」或「想要變得會說英文」，這樣的期望都很模糊。你希望變得如何？又期望會有怎樣的變化？

看不見未來的模樣，幹勁的開關就不會被打開。

只要決定期限、目的、目標這三個元素，就可以將「飄忽不定、難以捉摸的願望」變換為「具有確實形體、可能執行的專案」，再持續地轉變成現實。

27 「專案化」如何具體執行？

那麼，該怎麼做才能「專案化」？

讓我以具體實例為依據來做介紹。

從下一頁開始要介紹的，是任職於大型電機製造商的大村信夫先生的減肥專案。

大村先生過去曾經挑戰過減肥，但據說都是「減肥好辛苦」這種忍耐式的減肥。

因此，我請他執行逆算式的減肥。

所謂逆算式減肥，就是先設定迫不及待的未來——也就是願景，再從願景往回逆算，加以「專案化」的減肥。

他設定了一個「變成帥氣老爸」的願景，希望在女兒的入學典禮以前，能成為讓

女兒在朋友面前感到驕傲的爸爸，然後減肥專案就這樣展開了。

據說這是他的第一次像這樣一邊懷抱雀躍的心情、一邊執行減肥計畫。

那麼，大村先生是如何將減肥「專案化」的呢？讓我們依照順序繼續往下看。

他使用了三種專案頁面來執行計畫。

(1)進行專案的基本設計↓書寫範例在第162頁

一開始要進行的是基本設定。為了讓專案成功，要將必要的基本項目依序從①彙整到⑧。

①到③請用右腦來放大想像，④到⑧則請用左腦來進行邏輯思考。

在執行專案的目的欄，最後要寫上正在追求的事情。

專案目的應該要和人生願景有關聯！請弄清楚你真正所期望的事。

⑵進行專案的工程設計↓書寫範例在第164頁

接著要進行的，是仔細找出具體上要做什麼。首先，請試著將整個專案大致分成四至五個工程。

之後，再往下分割成容易採取行動的「一口尺寸」大小，放進每個工程中。

分割成容易行動的尺寸，行程就會變得容易安排。請確認已經執行完成的項目，逐一踏實地往前進。

⑶進行專案的評論↓書寫範例在第166頁

專案的最後，要確實進行評論。評論結束，專案才算是「完成」。回顧結果和過程之後，再加以歸納。

之所以要進行評論，是因為不能只成功一次就讓它結束，這也是為了將失敗中學到的事物發揮在下一次。你要思考該怎麼做才會變得更好，並且讓經驗反應在下一次計畫制定中。為了提升今後專案的成功機率，進行評論相當重要。

①取一個能激勵人心的專案名稱。

Project Name [「帥氣老爸」(減肥)專案]

Before

*Now [2016 年 12 月 1 日]

因為不規律的生活．飲食而胖得沒有節制的體型……

After

*Future [2017 年 3 月 31 日]

被家人、公司同事說「你變帥了耶！」

②將「什麼時候以前？」、「想要變得如何？」歸納成 Before 和 After。

Waku Waku Image(感覺到開心的程度)

2017 年 4 月，長女考上志願學校，和她一同出席入學典禮

被長女的新朋友說「妳爸好帥喔！」，於是長女紅著著臉說「沒這回事啦！」

看著心裡很高興的長女，我自己也好開心！♪

③先想像實現後的快樂心情，然後寫下來。

制定專案計畫的書寫範例 ①

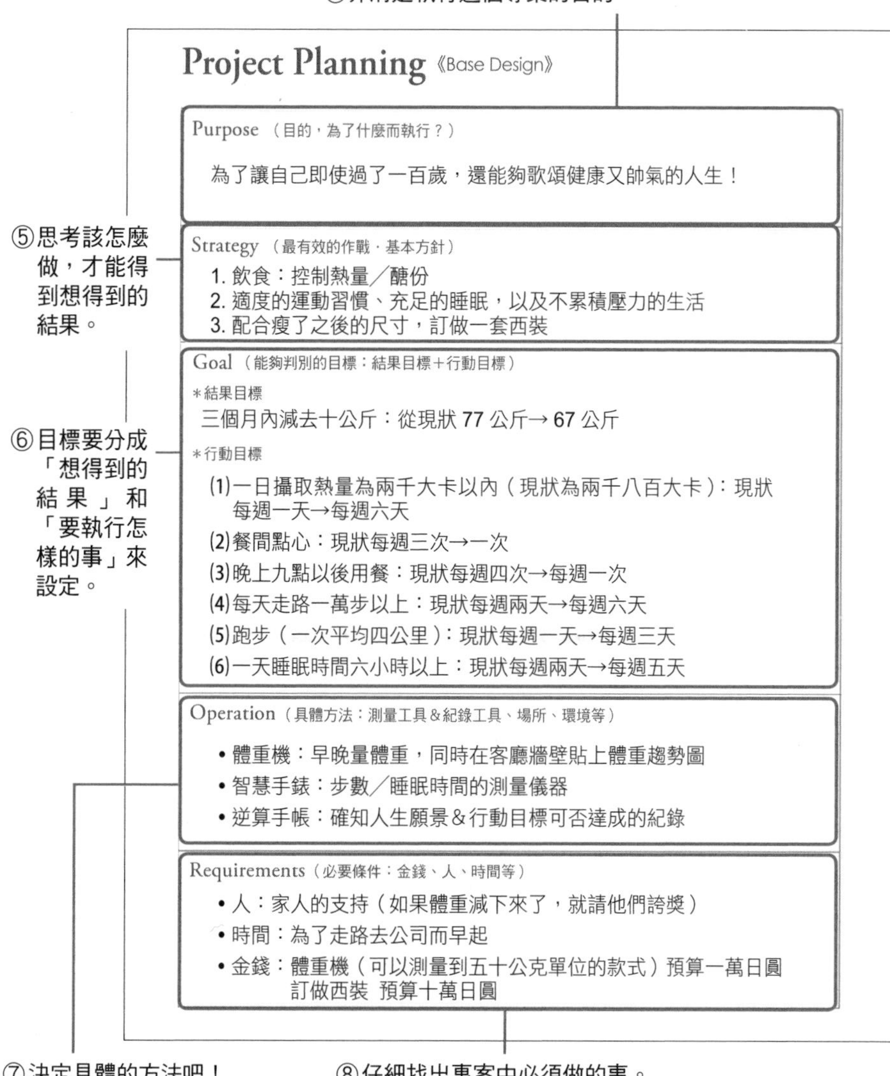

①將整個專案大致分成四至五個工程。

Project Name [　「帥氣老爸」（減肥）專案　]

12/21 ～ 12/31（11 天） 執行專案確定執行	1/1 ～ 3/21（80 天） 養成習慣	3/21 ～ 　/ （　） 維持
☑ 攝取熱量 2000kcal 以內	☑ 每天測量數據	☑ 每天測量數據
☑ 餐間點心頻率（每週 1 次）	☑ 如果進步不多，就檢討對策	☑ 如果復胖了，就諮詢專家
☑ 晚上 9 點以後不能吃東西	☐	☐
☑ 走路	☐	☑ 成功維持之後，公開方法
☑ 跑步	☐	☐
△ 有好好睡覺嗎？ →之前曾經因為加班而沒吃晚餐，結果空腹睡不著，所以就算加班也要在晚上 7 點左右用餐！	☐	☐
☐	☐	☐
☑ 使用逆算手帳確認進步狀況	☐	☐
☑ 在客廳貼上記錄用紙	☐	☐
☐	☐	☐
☑ 訂做西裝（67kg 體型）	☐	☑ 持續穿西裝
☑ 在臉書上宣告要減肥	☐	☐
☐	☐	☐
☐	☐	☐
☐	☐	☐

制定專案計畫的書寫範例 ②

②利用容易採取行動的尺寸，仔細找出各個工程要執行的工作。

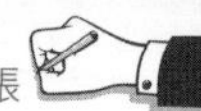

①專案執行前、執行後發生了怎樣的變化？

Project Name [「帥氣老爸」（減肥）專案]

Achievement 執行專案之後的結果，發生了怎樣的變化？

Before [2016 年 12 月 1 日]		After [2017 年 3 月 31 日]
身體沉重，總是感覺疲倦	▶	身體輕盈，心情總是很好
不知為何對自己沒有自信	▶	如對外宣言成功減重，開始對自己有自信
即使知道不好，還是攝取垃圾食物	▶	告別垃圾食物，過健康的飲食生活
	▶	
	▶	
	▶	

Memo	Rating 評價
看到正在努力準備考試的長女，心想自己也要來努力做點什麼，所以挑戰過去挫折過好多次的減肥。我認為先有迫不及待的感覺而非義務感，以及先訂做好一套西裝，就是成功的祕訣。真高興我也有了「只要做了就會成功」的自信。	A

⑤也做一個專案的綜合評價。

專案評論的書寫範例

③成功達成目的了嗎？

②是否成功達成目的了呢？

Project Review

Purpose 成功達成目的了嗎？

☑ Yes　雖然正在邁向一百歲，但已經打下了健康的基礎。
□ No

Goal 成功達成了目標嗎？

☑ Yes　和長女一同拍攝充滿笑容的照片（被長女說了「爸爸好帥喔」♪）
□ No

Process 在專案過程中，優點、缺點是什麼？今後為了改善，要怎麼做？

Good		Next
雖然預定在 4 月入學典禮之前達成預定目標，不過 3 月就達成，還趕上了畢業典禮	▶	盡量提前進度，感覺就會發生好事！
把西裝擺在看得見的地方，用來激勵自己，希望早一點穿上	▶	經常把自己想要變成的樣子放在手帳或手機裡，讓自己能夠看到
雖然有時候也很痛苦，但身邊的人的支持都給了我鼓勵	▶	和有相同志向的人互相支持，善用 APP 機制（みんチャレ（註 1）等）

Bad		Next
在出差地點，生活習慣混亂	▶	把運動鞋也帶到出差地點，跑馬拉松
外食時剩下白飯，很浪費	▶	一開始就點較少量的白飯
	▶	

④不止看成果，過程也要回顧。透過順利進行的事、不順利進行的事，思考今後的改善方案。

※譯註：
みんチャレ是一個計畫管理 APP，使用者可以尋找擁有相同目標的人共組團隊，一同努力完成任務。在執行過程中，成員之間可以傳送訊息和照片，互相激勵、確認進度，藉以達成任務目標。

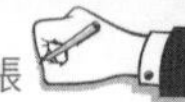

28 用兩個標準判斷是否有執行的價值

看過了「專案化」的流程，你覺得如何？

這和籠統地「想要變瘦」的狀態大不相同。

先進行基本設計和工程設計，再逐一執行應該做的事。

最後再確實加以評論。正因為都做到這個程度了，各種事都會很順利。

或許你會認為好像很辛苦、很麻煩。

老實說，我覺得有一點辛苦，紙本書寫也很麻煩。正因為如此，才要請你將有應該努力執行價值的事「專案化」。

請把你希望認真執行的事，以及想要確實展現成果的事都「專案化」！

感覺很棘手的事，也直接成為「專案化」的候選任務。

過去有好幾年都想著「要做！想做！」卻一直都沒有著手進行的事——你是否有過這樣的經驗呢？

這也是「專案化」的候選任務。對你來說，具有「應該努力執行的價值」的事是什麼呢？

為了看清是否有努力執行的價值，我用兩個標準來分配。一個是**熱情**，另一個則是**對人生的衝擊**。

我根據一年逆算表格（第148頁），把希望在未來一年內實現的事彙整到「專案計畫制定表格」裡。關於每一件想要實現的事，以五個階段來評價熱情和衝擊的程度；將熱情和衝擊的得分加總、得出合計分數，再從分數高的開始依序決定出實施的順位。

希望實現目標的企圖和熱情較高，以及在人生中衝擊較大的事，優先度就會變得越高。

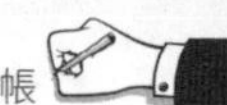

為了最大限度地有效善用有限的時間，請你試著整理出自己應該努力做些什麼的事，以及選擇有價值去做的事！

進行專案候選任務的分配

Project Planning《Screening》 寫出所有想嘗試的事，透過熱情和對人生的衝擊來判斷，決定是否要執行。此外，也要決定執行專案的優先順序喔！

What（想要實現怎樣的事）	Purpose（為什麼，為了什麼？）	Passion	Impact	Ranking
想讓逆算商業模式成功。為了這件事，要整備商業的基礎。	因為想證明「只要正確地執行正確的事，就能順利進展」。	低 1 2 3 4 5 高 [5] 點	低 1 2 3 4 5 高 [5] 點	1 P+I=[10]
追求自己喜歡的時尚，確立 My Style。	想讓思考「要穿什麼？」的時間歸零。	低 1 2 3 4 5 高 [4] 點	低 1 2 3 4 5 高 [5] 點	3 P+I=[6]
為了讓自己即使忙碌也不搞壞身體，養成維持最佳的身體狀態，	因為很討厭「因為身體狀況不好而無法完成想做的事」。	低 1 2 3 4 5 高 [2] 點	低 1 2 3 4 5 高 [5] 點	2 P+I=[7]
澈底去除對英文的自卑感。	為了讓自己在前往海外發展時，能夠和別人順暢地溝通。	低 1 2 3 4 5 高 [1] 點	低 1 2 3 4 5 高 [2] 點	4 P+I=[3]

❶ 寫出希望在未來一年內實現的事，以及其理由與目的。

❷ 將熱情和你人生中的衝擊（影響）分別以 1 ～ 5 來化為分數。

❸ 合計熱情和衝擊的分數（最高 10 分）。從總分高的項目開始，依序決定出優先順序。

29 甘特圖，讓多個專案同時順利執行

你已經找到讓自己的未來變得光明、又感到迫不及待的專案了嗎？

作為工作或人生功課而想要挑戰的事，為了美容、健康而想要努力執行的事，更舒適且快樂的生活基礎，想要嘗試學習的主題、希望學會的技能，想要試著鑽研的興趣，增進和家人、朋友之間感情的活動，長年來一直憧憬的事物，克服童年以來的自卑感……是否有好幾個專案已經被你列進清單裡了呢？

找到很多想做的事雖然是好事，但有一個困擾；那就是想做的事太多，於是變得不知道該怎麼做才好。

不僅心裡焦慮著這也想做、那也想做，我們的每一天也可能會被應該做的事給填滿。認為只要思考一件事（例如只思考工作的事）就好的人非常少，幾乎所有人無論是工作、家裡的事、家人的事、自己的事全都會考慮到，也同時處理著好幾件事情。

這就像是同時轉動好幾個盤子，又要一邊留意不讓盤子掉下來，將注意力放在所有盤子上的狀態。所以，只要試圖再加上新的盤子，很難不產生危機。要順利控制這樣的狀態，我們需要的工具就是「甘特圖」。

用甘特圖來進行模擬

甘特圖，是一種被用來管理專案進展的表單。橫軸寫上時間流，並且在縱軸上將所有要做的事寫出來，藉以瀏覽整體狀況，是一種十分方便的格式。

為了精準分配時間和精力，就必須掌握整體。無論是工作或私人生活，不僅止於自己的事，也包含了家人的事，還有現在正在做的事、接下來想做的事，請全部都彙

整在一張紙上。要一邊仔細瀏覽整體表單，一邊思考應該在哪裡分配多少心力。

原本腦子裡「這也要做、那也該做」的狀態，藉由寫在紙上，再用眼睛觀看的做法，就能順利地整理了。哪個盤子很順利、又有哪個盤子快要掉下來，都能夠親眼確認。

在重要的地方把線畫粗一點，使用明顯的顏色，或是用框框圈起來，就能更加容易地掌握住整體的平衡。重要的事，是不是在同一時期重疊得太多了呢？之前說過制定計畫的其中一個目的，就是在執行之前發現「這樣下去不會順利」的部分，再思考對策；重要的事重疊的部分，就是很有可能無法順利進行的部分。

往前、後移動的話能不能變得順利呢？請試著利用甘特圖來模擬看看。

做事情的順序和關聯性是否安排妥當？哪些是互有關係的，請試著用箭頭來表現關聯性。因為橫軸是時間，所以橫線的長度就代表著需要的時間。時間的預估是否適當呢？

如果要往後調動，相關的項目也會跟著移動。有多少的彈性空間，沒有空間的部分又是哪裡？請先試著用甘特圖來進行模擬。

無論工作或私人生活，所有的事情都會完整歸納在甘特圖裡，因此將未來一個月的計畫填進去就很就簡單。每個月應該要做的事，請製作成更加詳細的計畫。

一個月的計畫完成後，接著就是往下分解成一星期的計畫。只要能做到這裡，你應該就會知道「今天要做什麼，才會靠近夢想呢？」的答案了。至於一個月、一個星期的計畫表，我會在第五章的個案研究中介紹書寫範例。

就連不合常理的遠大夢想，也可以藉由依序的詳細化來分割，直到一口大小的「今天要做的事」為止。接著，就只剩下逐一執行，往夢想更加靠近而已。

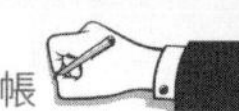

甘特圖的書寫範例

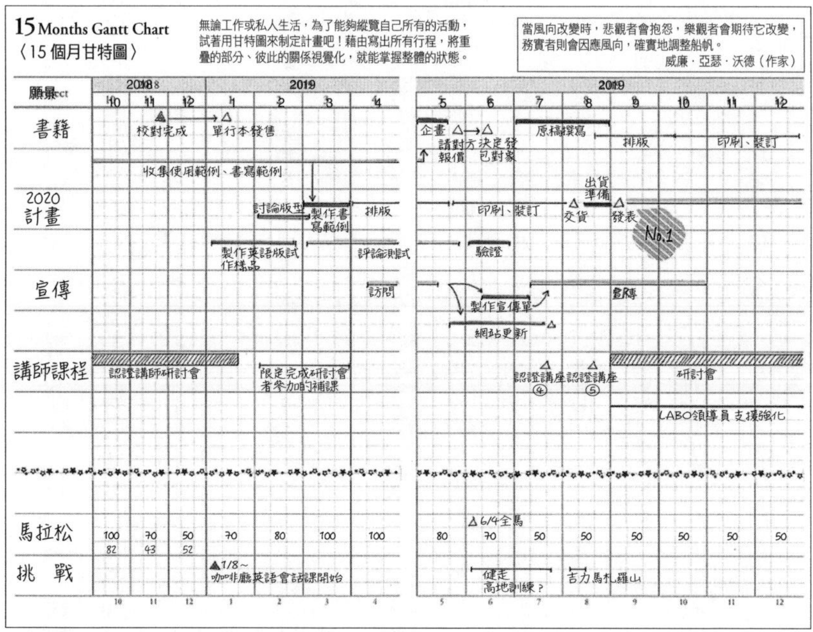

縱覽整體圖表，藉以確認計畫是否平衡，並預測未來幾個月的狀況，再推敲出現在應該做什麼的作戰計畫。

30 利用新SMART法則，設定不辛苦的目標

到這裡為止，我已經把關於計畫的制定方式和「專案化」的內容都告訴你了。在第三章的最後，我還希望再補充一個關於目標設定的方法。如同我在第一章的最後所言（第60頁），因為「目標是絕對非要達成不可」這張符咒，有相當多人不由自主地就很討厭目標設定。

所謂目標，應該是一條直到實現最終夢想的道路。一種讓我們確認自己正走在正確道路的方法。

你還記得《糖果屋》這個童話故事嗎？貧窮的樵夫和太太受苦於飢餓，想要將孩

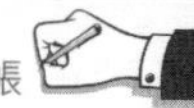

子們棄置在森林裡。漢賽爾、葛麗特這對兄妹在被帶往森林的途中，為了回家，就先將白色的小石頭作為記號丟在地上。被棄置在森林裡的兩個人，靠著白色小石頭因月光而閃閃發亮的光線，才得以在早上回到家。雖然他們像這樣成功過一次，但第二次就失敗了。因為他們沒能準備白色小石頭，打算將麵包撕成小塊作為記號取而代之，卻有一群小鳥把麵包吃了。因為記號消失，他們不知道正確的路該怎麼走，於是迷失在森林深處。

即使知道想要實現什麼（以《糖果屋》來說，就是「想要回家」），如果沒有途中的記號，就會迷路。讓我們知道是否正走在正確道路上的「白色小石頭」，請認為它們就是目標。這麼思考之後，你就會知道應該要先設定好目標。

儘管如此，或許你對目標設定還是感覺抗拒。因此，我要介紹兩個設定「不辛苦目標」的祕訣。第一個是「新SMART法則」。為什麼說是「新」的？因為用一般大家所熟知的「SMART定律」並不有趣，所以這是我獨自思考而形成的目標設定法則。

一般的「SMART法則」，是像以下這樣的東西。

Specific　＝具體
Measurable　＝可衡量的，達成狀況能夠數值化
Attainable　＝能夠現實考量而加以達成
Relevant　＝現實的，且為結果志向
Time-based　＝期限明確

「R」有時候也會是「Result-based」、「Result-oriented」，也就是「基於成果的」。

「T」有時也會被表達成「Timed」、「Timely」、「Time-oriented」等辭彙。

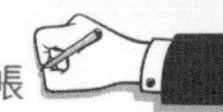

接下來我要為你介紹的，則是有興奮感、不痛苦的目標設計法則。

Simple　=簡單又容易理解！
Measurable　=可判定的（知道是否已經達成）
Attractive　=有魅力的
Related　=與夢想有關聯
Time-limit　=期限明確

【Simple】比起複雜又難以理解的目標，簡單又容易理解的目標更能集中力量。「欸……今年的目標是什麼？」與其像這樣必須逐一回想，能夠簡單地說出「今年就實現這個！」更能讓我們時時刻刻意識到它的存在，因此實現的可能性也會提高。

【Measurable】靠著無法判定「是否已經實現了」的目標，是不能達成目標的。由於未必非得用數據來表現，所以請自己明確地決定好一套「是否已經達成了」的判斷基準。

【Attractive】迫不及待。無論如何這都非常重要。不可能實現的目標只是會很辛苦；但如果全都是「這個方法的話，應該可以做到」這種不具難度的目標，也不好玩。請決定一個現在就超級想要立刻實現，又具有魅力的目標。

【Related】和夢想有關聯也十分重要。在「白色小石頭」的前方，必須有一個追求的家。經常看到的失敗例子，就是設定「今年我要讀一百本書」這種突然而讓人意外的目標。

一旦沒有思考要以什麼為目標，就靈機一動地決定了目標，因為和夢想沒有關聯，所以就算那個目標達成了，也會演變成不知道接下來怎麼做的結果。

最後，請確認這是不是你正在追求的迫不及待的未來——也就是「從願景導出的目標」。

【Time-limit】逆算思考的起點就是設定期限，所以搞清楚「想在什麼時候以前變得如何？」很重要，應該就不用我多做說明了。

31

利用ORP原則，避免風險，維持動機

還有一個設定「不痛苦的目標」的祕訣，那就是作為一邊維持動機，一邊挑戰高度目標的技巧而創造出來的「ORP原則」。

「這種事如果成功了，那可真厲害啊！」這樣的目標雖然令人感到迫不及待，但直到達成的那條路十分艱辛，卻會很有意思。雖然我想要選有意思的那一邊，但過高的目標也很可能會失敗，真讓人困擾。

因此，當我要決定目標數據時，我會應用「ORP原則」。「ORP原則」，是從「樂觀的＝Optimistic」、「現實的＝Realistic」、「悲觀的＝Ressimistic」這三個單字的第一個字母命名而來的。

O（樂觀的目標數據）→實際上要以這個為目標
R（現實的目標數據）→根據這個數據來制定計畫
P（悲觀的目標數據）→最低限度，死守這個數據

利用這三種目標來避免風險，同時維持動機。

O（樂觀的目標數據）…為了引出行動的能量
R（現實的目標數據）…為了減低失敗風險
P（悲觀的目標數據）…為了安心地挑戰

只有R（現實的目標數據）並不會感到期待，但根據O（樂觀的目標數據）來制定計畫，失敗機率又會變高，所以計畫的基礎要先使用R（現實的目標數據）來計算數據。

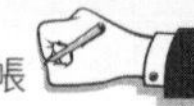

只要用P（悲觀的目標數據）讓最低限度應該死守的基準變得明確，就能獲得「只要完成這個就沒問題」的安心感。事先確認「即使最糟糕，也不會成為致命傷」，就能充滿熱情地為了高度目標而努力。

P（悲觀的目標數據）幾乎都可以達成，所以藉由沒能達成目標，或許也能減輕自尊心受損的恐懼。

不過度樂觀，也不會變得悲觀。

儘管是現實，也能夠感到快樂與期待。

請嘗試設定這樣的目標。

所謂計畫，就是在現在與未來之間建造樓梯

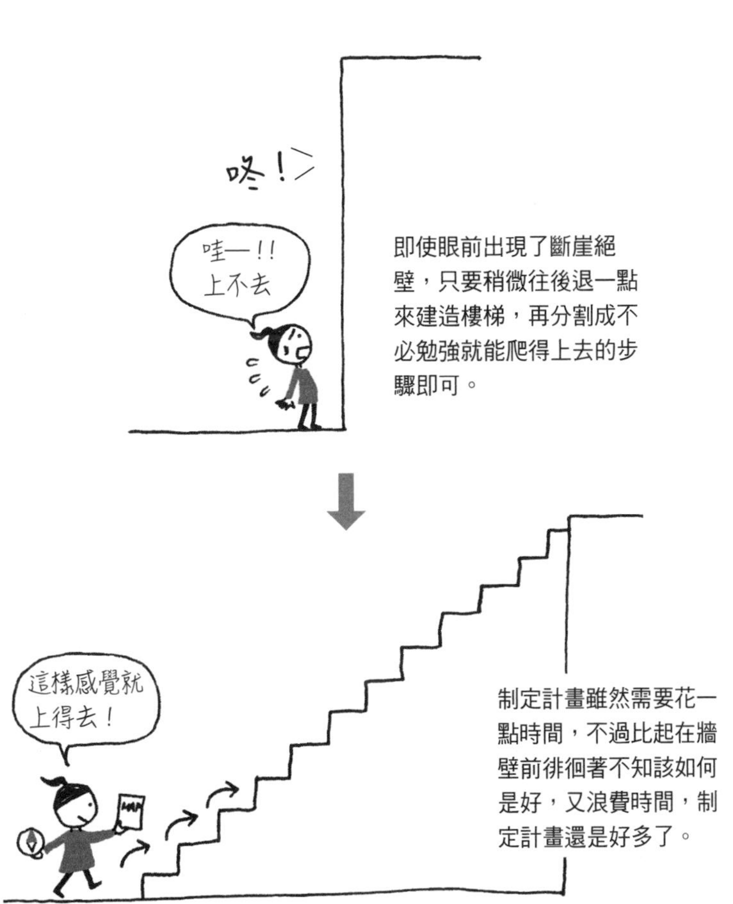

即使眼前出現了斷崖絕壁，只要稍微往後退一點來建造樓梯，再分割成不必勉強就能爬得上去的步驟即可。

制定計畫雖然需要花一點時間，不過比起在牆壁前徘徊著不知該如何是好，又浪費時間，制定計畫還是好多了。

做好計畫，更能讓你順暢地前進。

第 4 章

逆算第三步，
邊享受邊往前邁進

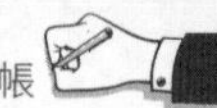

32 把每天早上看人生願景化為習慣

在第二章，我們已經將迫不及待的未來具體化，並歸納成人生願景了。在第三章，則是從願景往回「逆算」，制定計畫。現在我們處於「決定好想去的地方，也預測好要怎麼去」的狀態。接著讓我們將願景和實踐計畫握在手中，開始往前邁進。

在執行計畫的階段，最重要的就是「享受」。因為實現夢想的過程未必一路平坦。有時我們會遇上難題，有時幹勁低落；有時候也會因為不順利而品嘗到挫折感。即使在這種時候，如果我們能瞭解「享受」的祕訣，就能加以克服。

因為感到開心，所以能夠持續；也因為持續，才能夠得出成果。

製作成「無論看幾次都會想注視」的樣子很重要

為了用好心情展開一天，請把「注視人生願景」化為習慣。忙碌時，也可以只閱覽幾秒鐘。

在第四章，我將告訴你如何一邊享受、一邊完成夢想和目標，以及在執行階段面對障礙的應對處理方法。

首先是基本做法，請把「每天早上都要看一下人生願景」化為習慣。不管是太忙而沒有時間寫手帳或是因為幹勁低落，什麼都不想做，這些時候都請你試著注視人生願景圖！只要幾秒鐘就夠了。

有些人會對於在手帳裡「必須寫東西」感到有壓力，不過在沒有力氣書寫的時候，即使不寫也沒有關係。

即使只有「看」也可以。

只要製作出「光是看就覺得迫不及待和喜不自勝的超棒人生願景」，就能用好心情展開一整天。

自己正以什麼為目標，又想讓怎樣的事情成真？請確認這些問題，每天早上都品味這種迫不及待的心情。

33 努力不忘記夢想，必須更加努力

注視人生願景，就是確認前進的方向。

這是一個讓自己不忘記「想要實現的事」的重要習慣。

你覺得自己不可能會忘記夢想或目標嗎？

很遺憾，無論是再怎麼重要的夢想，在日常生活中經常會變得淡薄，讓人不小心就遺忘了。

為什麼呢？因為一旦疏忽，我們的生活就只會被「非做不可的事」給填滿。

一個是眼前的招牌，一個則是在遠方的富士山，哪一個看起來比較大？答案是眼前的招牌。

但是，真正的尺寸卻是相反的，富士山壓倒性地更大。

和這個比喻相同的事，在我們的日常生活中一直在發生。眼前「非做不可的事」，例如「一定要去買衛生紙」雖然是雞毛蒜皮的小事，如果處於用完的狀況下，那可是會讓人走投無路的重要大事；我們在盛夏時節會想避免忘了倒垃圾，也要去拿乾洗完成的衣服，還有在歸還期限之前把圖書館的書還回去，這些事也都很重要。

工作上不能忘記的會面約定、截止時間，必須確認的事也應該有好幾件吧？孩子從學校帶回各式各樣的講義，非做不可的事又變多了。哪一天需要做便當，這也必須確實記住才行；需要回信給朋友，也要把傳閱資料帶去給鄰居，或許還有一定要回撥的電話也說不定。

從整個人生來看，一件一件都是雞毛蒜皮的小事。然而，我們都會認為每一件都是重要的大事。因為眼前的小小招牌交錯堆疊，即使遠方的富士山被完全隱藏而看不見，也不讓人感到意外。

努力不忘記夢想，是一件比我們想像中還要困難的事。

遠方的事物，存在感會變得淡薄

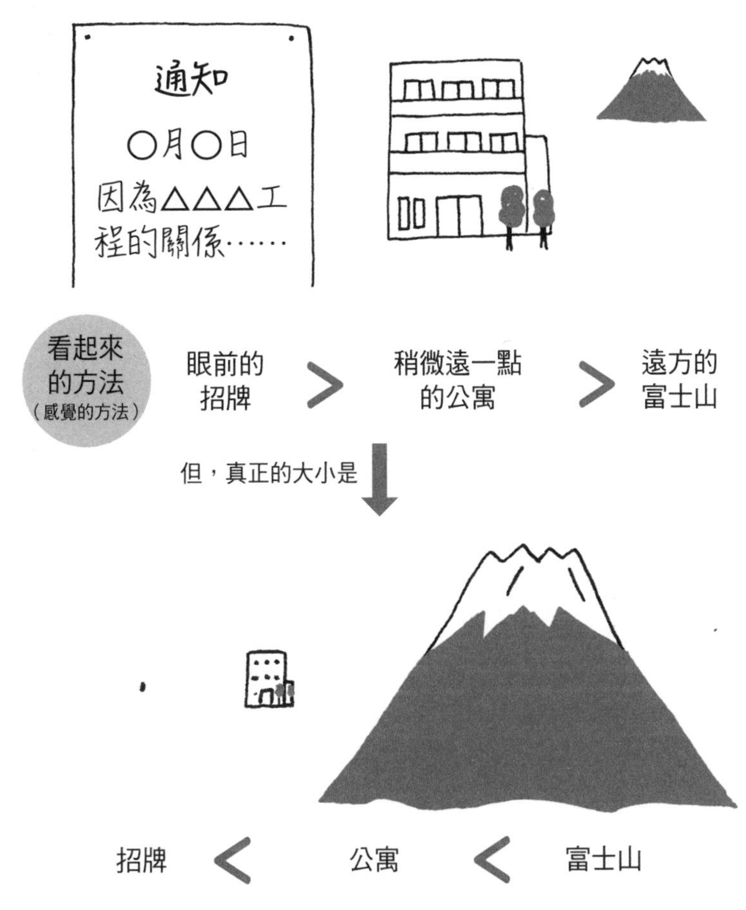

即使擁有再大的夢想，當它在遠方，就會感覺很渺小。
就算其實它是一件重要的事，意識會變得淡薄也是理所當然的。
因此我們需要多費心，努力讓夢想感覺起來一直都在自己的身邊。

34 讓遙遠的夢想離自己更近的竅門

每天注視人生願景的習慣，是努力不忘記夢想的竅門之一。

但光是這樣還不夠，還有一個竅門可以讓我們感覺到夢想離自己更近。

再用富士山來舉例，「在東京看見的富士山」和「在靜岡看見的富士山」，大小就完全不同。眼前所見的富士山動人心魄，而從東京看，就連原本未知的地表樣貌都能看得見。

當然並不是富士山的大小改變了。只是因為靠近而感覺更大、更真實罷了。

同樣地，當我們往夢想邁進，夢想就會讓我們感覺持續不斷地變大、變真實。

就連一開始以為「自己根本做不到」的遠大夢想，也會變得「其實應該有機會可

一直往夢想邁進，
夢想就會感覺持續變大

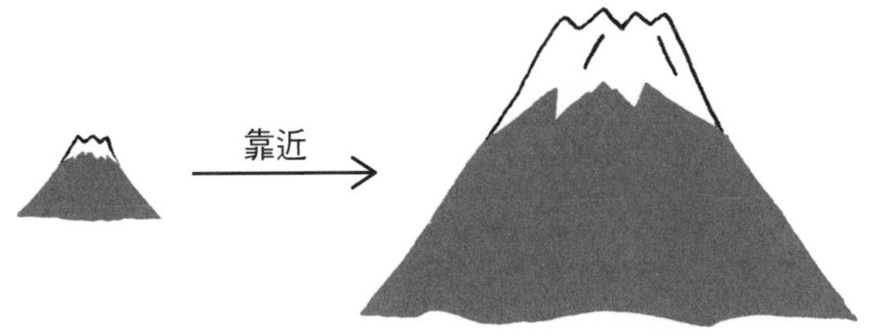

當我們往夢想邁進，夢想就會讓我們感覺持續不斷地變大、變真實。所以實現夢想的速度就會加快。

以實現」。

為了感覺夢想就在身邊，每次都只有一點點也好，靠近夢想是很重要的。

所謂靠近夢想，並不是胡亂輕率地採取行動。

而是持續踩在正確的道路上，一步一步地往夢想前進。

為了這麼做，我們從願景往回「逆算」、制定了目標，並且依序讓目標詳細化，直到填補進了「今天要做的事」裡。

為了持續走在正確的道路上，

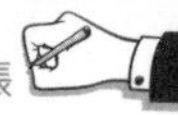

我們設定了作為記號的目標。漢賽爾和葛麗特為了回到家而做的事，就是一邊尋找下一顆「白色小石頭」，一邊往前走。找到了一顆「白色小石頭」，就再找到下一顆「白色小石頭」，接著再前往下一顆小石頭的位置，他們反覆著這些動作。

他們明白，只要努力找到「白色小石頭」，目標的家就在前方，所以才能安心地走在這條路上。

在前面章節介紹過的「新SMART法則」設定的目標，就是帶領你前往追求的願景的記號。

設定一整年的目標，接著再往下分解成一個月的目標、一週的目標。

因為當直到下一顆「白色小石頭」的距離拉得太遠，就會變得不容易找到了。正因為有了適當的距離，才能發揮記號應有的作用。

設定目標、加以分解，和先把小石頭丟在地上是一樣的。這就是讓你實際感覺正在靠近夢想的竅門。

35 小小成就感，讓你甘心向前

有了被分解成適當大小的目標，就能一步一步、踏實穩健地靠近夢想。

為了將這段路變得更加有趣，使用貼紙和印章有令人意想不到的效果。有人會嗤之以鼻，認為這麼做很像小孩子，但收集點數和印章是很開心的，即使長大成人了這件事也不會改變。

如果是經常出差的人或旅行愛好者，也會很期待累積里程數。

每當完成了一個小小目標，就貼上貼紙或蓋個印章，雖然微小，卻能讓我們獲得成就感。

去鍛鍊肌肉、做了伸展，就貼一張貼紙；去慢跑了，就把跑完的距離記錄下來；

閱讀或念書了，就蓋個印章。即使只是這樣的事，也會一點一滴地感覺到自己「正在往前邁進」。

只要記錄在手帳裡，就能親眼看見「辦到了」的證據；「辦到了」持續累積，也會讓自信心愈加茁壯。

更容易獲得成就感的祕訣

此外，讓我們也試著定期檢視「一百件願望清單」的暖身運動。

請試著確認已經成真的、實現了的事。無論大事、小事，或是耗費時間的事、馬上就能做完的事，一定都寫在你的願望清單上了。

其實，先寫好小事、馬上就能做完的事，就是更容易獲得成就感的祕訣。

利用貼紙和印章，獲得快樂的成就感

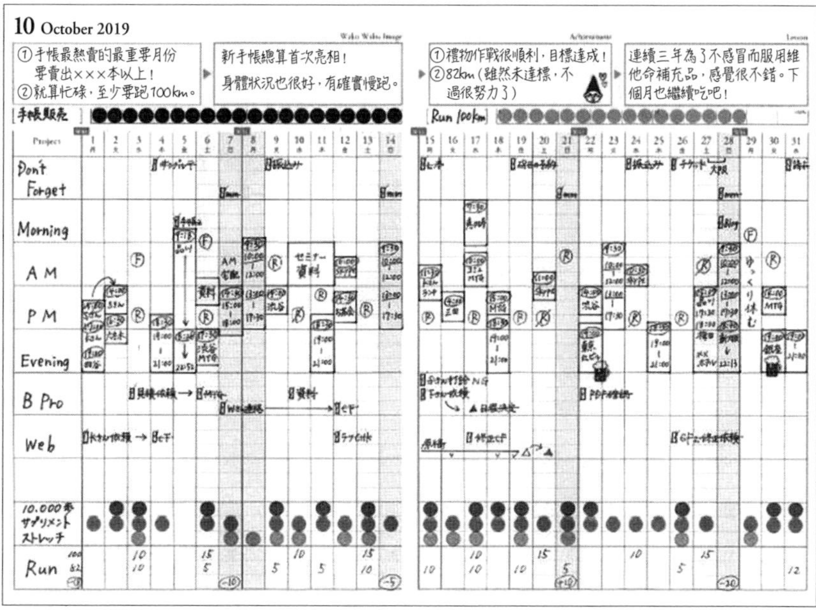

請記錄「辦到了」的事，「辦到了」一直增加，就會變成鼓勵。請試著尋找能讓你感覺快樂的文具用品。

「辦到了」、「成真了」的事持續增加，會產生對自己暗示「寫下來的事都會實現」的效果。

隨著小事一直被實現，稍微重要的事也會被實現，再持續往下做，耗費時間的大事也會開始實現。

如果看起來都是寫著一些大事、耗費時間的事，就請你試著將「馬上就能做完的事」也追加上去。

在每一天生活中，你會感覺到自己的期望都意外地實現了。

任何人都會幹勁低落，但能夠順利克服的人，都費心努力於獲得小小的成就感。

反之，容易在中途鬆懈下來的人，不是沒有設定目標，就是即使設定了，也讓目標一直都很大，這就像是找不到「白色小石頭」而走投無路一樣。

實踐令人快樂的竅門，也能防止在中途鬆懈。

定期確認「願望清單」

My Wish List

〈願望清單〉

想做的事、想要的東西、想去的地方、想要這樣做的事……，請通通寫下來吧！

1 搭乘觀光客船遊覽歐洲。
2 找到好吃的可麗餅店。
3 經營讓人歡笑的咖啡廳。
4 在卡帕多奇亞搭乘熱氣球。
5 去繪畫教室上課。
6 訂作一套很棒的連身洋裝。
7 在布拉格城堡沉靜悠閒地觀光。
8 想嘗試搭乘遊艇。
9 跟小羊玩耍（類似動畫《小天使》那樣）。
10 舒服地跑完 100km 馬拉松。
11 ~~以新興創業家的身份接受採訪。8/10~~
12 ~~擁有在眾人面前說話的自信。8/19~~
13 變得能用英語進行商務會談。
14 從行政事務中解脫！！
15 找到能輕鬆配戴的隱形眼鏡。
16 在南極拍攝企鵝的照片。
17 製作企鵝的寫真集。
18 在海外也成立公司。
19 和 AI 專家見面。
20 在自然採光極佳的房間裡生活。
21 變得能夠煮出超好喝的高湯。
22 想關在旅館裡寫東西。
23 想要一台時髦的活動計量器。
24 超想消除斑點—！！
25 想跑一趟柏林馬拉松。
26 想挖竹筍。
27 想搭帳篷，看星星。
28 得到優良設計大獎。
29 成為馬拉松的贊助商。
30 在辦公室裡闢一間茶室。
31 成為最想進的企業 No.1。
32 在京都退藏院參加禪寺合宿。
33 ~~買新的慢跑鞋。6/4~~
34 成為在大學教書的人。
35 讓護照蓋滿出入境章。
36 嘗試搭乘頭等艙。
37 打造讓人感覺幸福的衣櫃。
38 找到肌膚變美的方法。
39 想嘗試一個人去酒吧。
40 變得能夠寫出帥氣的簽名。
41 想在丹麥寄宿一般家庭。
42 想在紐西蘭寄宿牧場。
43 能夠完成膝蓋離地的伏地挺身。
44 能夠若無其事地用花朵裝飾。
45 ~~上廣播節目。10/23~~
46 上電視節目。
47 體驗頭皮 SPA。
48 在杜拜搭乘直升機觀光。
49 ~~體驗製作蕎麥麵。7/15~~
50 ~~找到喜歡的香味。3/21~~

想做的事清單也要定期確認，請在已經實現的事情上貼貼紙、蓋印章，藉此獲得成就感！

36 轉換思維也有助於解決疲乏和煩躁感

為了享受讓人有點疲憊和煩躁的事，請努力掌握「能夠做到多少」和「接下來還有多少」這兩個要點。

比方說，如果以取得資格證書為目標，就需要念書，但要一邊工作、一邊持續念書，就不是那麼容易的事了。如果要為了美容、健康而運動，即使「想變漂亮」、「希望提升耐力」這樣的心情是真的，但有時候我們也會感覺持續運動很辛苦吧？

讓我們試著在費心處理一些有難度的事的同時也享受那件事本身帶來的樂趣。

作為跑馬拉松的竅門，有個方法是：前半段要累積計算已經跑了幾公里，後半段則是要倒數計算還剩下多少公里。一開始，先累積「跑了五公里」、「跑了十公里」

「能夠做到多少？」和「接下來還有多少？」

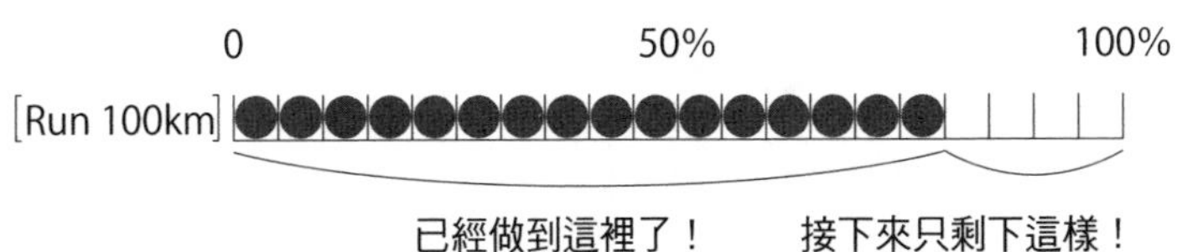

只要事先直覺地理解「能夠做到多少」和「接下來還有多少」，令人疲憊的事也將更容易努力去做。

這樣「做到了」的成就感，折返之後再用「剩下十公里」、「還有五公里」這樣目標距離很近的事實來勉勵自己。四二·一九五公里的長距離，也能用這樣的竅門來保持體力，直到最後都能享受跑步的過程。

如果要做肌力訓練，教練會先數「一、二、三……」，然後再說「好，還有三下、兩下，最後一下！你辦到了耶！」來鼓勵我們。最後的幾次雖然非常痛苦，但因為想著「再做一點點」而能夠竭盡全力，超越了自己所想的極限。為了提升你的能力，請善用「還有一點點！」這句話！

請試著使用手帳或筆記本，讓自己直覺地掌握住目標的達成度。只要用條狀圖來表現進展狀況，就可以一眼掌握「能夠做到多少」和「接下來還有多少」了。

37 利用「速度感」來提升幹勁

還有一個克服疲倦的訣竅，就是和速度感做好朋友。

我之前提過，將一整年的目標分解成一個月的目標，再分解成一週的目標，就是實際感覺到自己正在靠近夢想的竅門，而把目標細分化，也和提升幹勁有所關聯。

打個比方，請試著想想看「一年內要跑一千兩百公里」這個目標。一個月要跑的距離是一百公里，一週則要跑二十五公里；如果跑了十公里，一週的目標達成率就是四〇％，那從一個月來說就是一〇％，一年則是〇．八％；如果跑了二十公里，一週八〇％，一個月二〇％，一年則是一．六％。光看文字和數字或許很難有感覺，但只要和達成度的圖表相比，就能一目瞭然。進度看起來是不是截然不同呢？

用飛機、新幹線和騎過眼前的自行車來思考，就更容易理解了。明明實際的速度是飛機、新幹線比較快，但因為距離遠，所以看起來好像正在緩慢地移動。這和遠方的富士山看起來很小是很類似的，這種情況並不只是因為大小，而是因為速度的感受方式不同。

一旦沒有將目標分解，無論再怎麼執行，都會有一種「一直都沒有往前進」的感覺。

如果對耐性十足的人來說就沒問題，但踩著過度遲緩的步伐前進，會成為幹勁低落的原因。

只要目標是以「一週」這種剛好的大小填進了手帳，就會感覺自己「正在迅速地往前邁進！」

這樣的感受方式差異不容小覷，因為情感會影響行動。

會不會在半途發生挫折，結果都會有所不同。

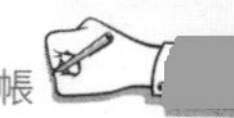

跟速度感做好朋友

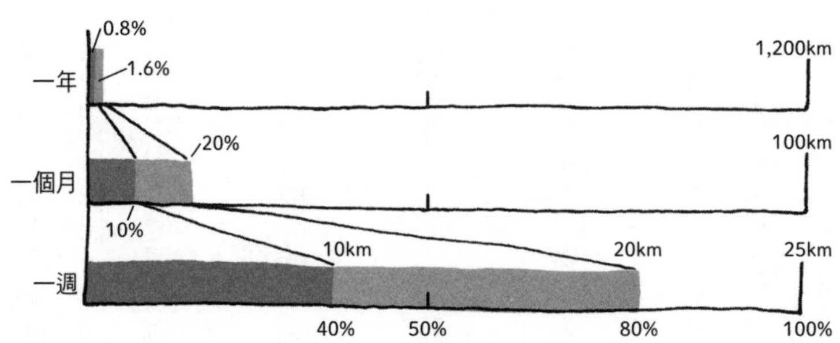

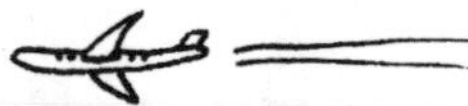

時速 800/km ～ 900/km

明明實際上很遠，
看起來卻好像在緩
慢地移動

時速 280/km ～ 300/km

在眼前騎過去的腳
踏車，可以感覺比
較快。

時速 18/km ～ 25/km

藉由能夠感覺到迅速地前進，
幹勁就會提升。

38

疲倦，就是你接近目標的證據

為了克服疲倦感，想著「感到疲倦就是正在接近目標的證據」也很有幫助。

只要想像爬山的情況，就更容易理解了。如果問你上坡和下坡哪個輕鬆，許多情況下都是下坡比較輕鬆。往上攀爬時，因為會氣喘吁吁而且感覺較疲倦。儘管如此，緩慢地、一步一步地往前進，就能一直往目標靠得更近。我在爬山時，會一直期待自己在山頂一邊欣賞絕讚的風景，一邊喝著啤酒，就這麼描繪著迫不及待的未來圖像，一邊往前邁進。

反之，下坡時容易受傷，所以要很小心。剛開始爬山時，造成膝蓋疼痛的原因就是下坡。因為下坡輕鬆而疏忽大意、大步地往下衝，結果就對膝蓋造成了負擔。

感到疲倦，就是你正在接近目標的證據

我雖然說過，在執行階段中最重要的就是「享受」，但並不是「快樂＝輕鬆」的意思。工作、念書、運動，就算是其他事，流於簡單雖然輕鬆，但那未必是快樂的；如果流於簡單，期望的未來就不可能實現。

克服了些許疲倦，讓自己有所成長，並透過新的經驗來學習，都有那樣的樂趣和喜悅。

但請注意，這並不是要你忍耐所有的艱辛。持續做和明亮的未來無關的苦差事，是很可笑的。前方有沒有自己期望的未來？請你時時確認這件事情。

39

如何跨越「做不到」的心牆？

在第四章的最後，我要為你介紹跨越「做不到」這堵牆的方法。

如果只做「做得到」範圍裡的事，我們雖然會很輕鬆，卻不會成長，也沒有學習。輕鬆的事既不迫不及待，也沒有緊張興奮的感覺，生活會變成毫無充實感的每一天；挑戰「做不到」、「感覺好像做不到」的事時雖然有點緊張，但前方就有明亮的未來，所以令人感到迫不及待。

「做到了！」能讓我們得到瞬間的喜悅、滿足感、成就感和充實感。小時候，把九九乘法背起來、學會跳繩二迴旋或是學會騎自行車的時候，都一定會有「我做到了！」的喜悅。

就算是挑戰的結果沒能順利達成，也因為自己已經盡力了，所以不會感到後悔。透過失敗，我們可以學到很多。

正常思考來說，處於「感覺好像做不到」的局面，更加考驗我們是否能夠逆算思考。如果把沒有經驗的事想成「這是可以做到的嗎？」，我們就很容易有「辦不到」這樣的答案。因為在過去的自我經驗中，從來都沒有成功過。一旦從「好像很難」、「沒辦法啦」這樣的想法開始，就只會出現「做不到」的藉口，以及「如果只是這種程度，就應該辦得到」這樣簡單的替代方案。

思考「該怎麼做才辦得到？」、「需要的是什麼？」、「要補足不夠的部分，該怎麼做？」之後，再尋找解決方案，才是逆算思考。

如果自己認真思考了，還是找不到解決方案，就和其他人商量吧！打算獨自做所有事的人，是有極限的。假使你有點子，一個人執行卻很困難時，就適時請別人幫忙一下吧！

思考「該怎麼做才能辦到」

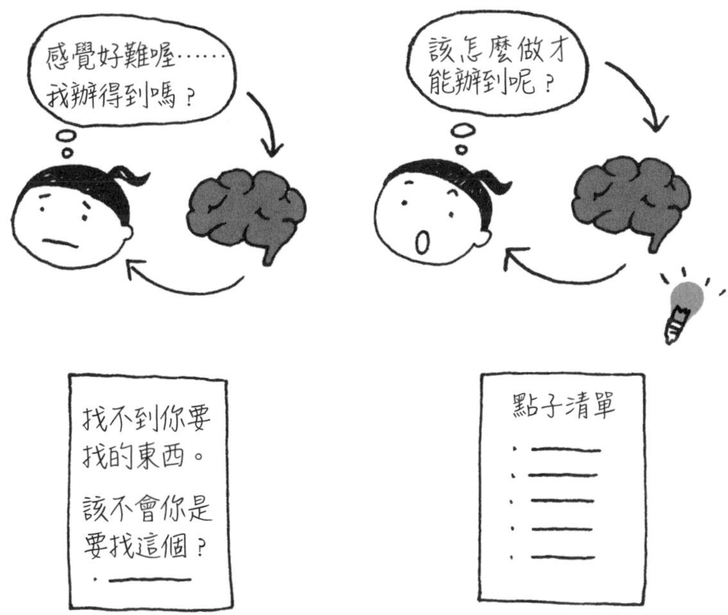

雖然試圖要從明白的事、已經知道的事、過去的經驗中試圖尋找答案，卻還是找不到，就會得到「做不到」、「沒辦法」的結論，充其量只會產生「如果是這個，就應該辦得到」的替代方案。

將已經瞭解的事組合起來，或是應用過去原有的經驗，再找到「用這個方法應該就能順利進行」的點子。只要持續思考「要更順利地進行，該怎麼做才好呢？」點子就會源源不絕地出現。

打破「做不到」的方法

1. **尋找做得到的方法**
2. **商量**
3. **請人幫忙**

如果用逆算思考，就能夠跨越「現在的自己應該做不到」的這一堵牆了。

原本認為「做不到」的事變成「做到了！」的喜悅，將會成為「一定可以做到更多不一樣的事」的希望。

你會開始滿心期待未來。

面帶笑容前進，幾乎所向無敵

一邊實際感覺正在靠近目標，一邊往前邁進吧！

因為開心，所以可以持續；因為持續，才能得出成果。

專欄

逆算手帳也能改善家庭的互動模式

我採訪了一位實際使用「逆算手帳」而改變人生的人。

天木摩紀（Amaki maki）

（四十多歲・人生願景教練、逆算手帳・資深認證講師）

目前居住於愛知縣豐田市。雙寶媽，一個孩子是中學生，另一個是小學生。她以豐田市和名古屋市為據點，將「利用教練工作和逆算手帳結交好朋友」作為自己的人生功課，進行許多活動。除了以支援同樣年齡層的主婦創業、達成目標，及提供個人業者的心理支援為主的個別教練課程之外，也正在舉辦「親子一起逆算♪」這樣以親子為對象的逆算工作坊。同時利用電子報，發送主婦的時間管理、提升行動力的祕訣等資訊。

部落格：

https://ameblo.jp/maki0411offical/

1. 開始使用逆算手帳的關鍵原因是？

我原本是一個「手帳難民」，每年都到處搜購四到五本手帳，然後都沒有妥善使用。正當我想著「這次我一定要變得很會使用手帳！」、「我想把逆算手帳活用在工作上！」時，在純子老師的電子報上得知認證講師培訓講座的資訊，認為這本充滿指導元素的手帳，讓許多人都能實現夢想，於是馬上就報名了培訓講座，並且正式地開始使用。

2. 開始使用逆算手帳之後，有哪些事改變了？

開始使用之後，我感到最大的變化是：感覺一整天的時間變長了。

一個禮拜、一個月的內容變豐富了。當每個月要結束時，我都會想要稱讚自己：「這一個月真的好努力喔！」就像這樣，我更能夠品味成就感和充實感了。在此之前，我只是一個勁兒地忙碌，一股腦兒地努力，時間「不知不覺地」就消失了；但多虧有了逆算手帳，我自己的願景變得明確，也能夠時常抱著「這是為了大家而採取的

行動嗎？」的目的意識，就大大減少了白費力氣的情況。

而且，「對現在的自己能夠更放心了」的這個變化也很大。

過去的我即使努力了，也會有「現在的我真的可以嗎？」這樣的奇怪的焦慮和不安；但開始使用逆算手帳的里程碑功能之後，明白自己「現在正走在前往實現夢想的路上」，於是從多餘的不安中被解放，也變得更積極了。

3. 全家人都使用之後，發生了怎樣的變化？

首先，我自己對全家人會一起使用也感到很驚訝，一開始是因為我為了取得講師資格，每天都在自己的手帳裡寫東西，長女看見之後就說「我也想試試看」，這句話就是關鍵。

結果，看了姊姊這樣做，次女也說「我也要試試看！」我心想「反正都特意準備了」，就也給了先生一本，這就是開端。「自己想要的東西」、「理想的狀態」、「如果這樣的話就好了」……我們每個人各自擁有具體的目標，於是就產生了新的溝通方式。

如果發生了什麼事，我們會說「寫在手帳裡了嗎？」或是如果正在做某件事，我們會說「有寫在手帳裡嗎？」透過擁有共通的工具，我們感覺就更像是有了整體感的家人。

還有，對於「原本一直很想做，卻直到現在都還沒著手進行的事」，我們也產生了更高的行動力和持續力。

比方說，我先生的肌力訓練。自從我去年底給了他手帳之後，他不知道什麼時候開始就展開了訓練；當我注意到時，他已經每天不間斷地進行。吃飯的時候、看報紙的時候，他總是瘋狂摸著自己的胸部，很開心地確認胸膛的厚度（笑）。有一次，我問先生：「為什麼那麼賣力地做肌力訓練呀？」他回答：「因為我寫在手帳裡了啊。」看起來，他好像一直在反覆多次地回顧人生願景和願望清單。

眼看長女就要面臨高中入學考試了，卻一直都沒心思念書……她具體地想像自己變成大人的樣子，想著無論高中生活、大學生活都「想要過怎樣的生活？」才感到

「這樣下去就糟了」，於是突然就開始念書了。在我不知不覺間，她已經在寫屬於自己的「讀書紀錄」。不僅成績進步了，學年排名也進步了五十名左右。

至於次女，每次她發現了想要的東西、想去的地方和想吃的東西，就會認真地寫進願望清單裡。然後每當奶奶打來了電話，她就會說「我想要這個！」從第一個項目念給奶奶聽。因為她想去的地方、想吃的東西都很明確，所以當全家人要一起出門時，我就會想「既然都這麼認真了」，於是依照她的願望清單來做決定。

讓我對全家人已經具備「逆算力」最有感覺的一件事，就是年底的大掃除。

我們在紙上寫了「需要打掃的地方」和「希望結束的時間」（這個動作是起點）。雖然合計有十五個地方這麼多，但全家四個人會主動在「要打掃哪裡呢」寫上名字。當我請他們寫下「對這個打掃工作迫不及待的想像」時，他們就會寫上「仔細地清潔到角落」、「不說討厭的事」、「帶著笑容完成工作」……這些句子。

小學三年級的次女最有幹勁了，誰現在正在打掃哪裡、哪裡已經打掃完了、還剩下哪裡沒打掃，全都由她為我們監督。多虧有了這些安排，大掃除總是在不知不覺間

就愉快地結束了。當我們家最大型的專案執行完成之後，全家就會一起去享用美味的大餐。

4. 啟動「親子一起逆算♪」課程的原因？

關鍵因素很簡單，因為我直覺認為「這件事，小孩也應該要做」。

追根究柢，其實我一直都希望可以將小學的道德相關課程也放進教練工作裡。展開手帳研討會之後，我最大的感觸是「不能將夢想描繪得像大人那樣」。明明孩子們擔負著未來，應該是典範的大人們卻無法展現「為了實現夢想而迫不及待」的心情，我對這樣的現狀感到著急。

我之所以會創業，其中一個原因是希望聽見女兒

們說：「原來還有這樣的工作方法啊。」、「媽媽好帥氣喔！」父母一邊要求孩子要有夢想，事實上卻不允許他們看見夢想，這個現狀也是事實。即使當孩子聽見父母說「可以擁有夢想」，就說「我想要成為youtuber」，但父母心中還是希望他們要拿到好成績、上好大學、在大公司裡工作。儘管如此，又在嘴上感嘆說「只要工作賺到可以生活的錢就好啦」的孩子「沒有夢想」……我自己也還是有這樣的心情。

但是，我讓孩子們看見自己利用逆算手帳來實現夢想的快樂、在實現的路上也非常享受的姿態，利用大人持續的體現，相信必然也會對孩子們產生影響。逆算手帳，是一本讓人想著「就算是很難實現的夢想，我該怎麼做才能實現呢？」而迫不及待地一邊制定計畫的手帳。我希望讓孩子們充分品嘗這樣迫不及待的滋味，於是開啟了這樣的課程。

5. 實施「親子一起逆算♪」之後，產生了怎樣的效果呢？

首先，我深深感覺到一件事：孩子們的思考能力遠遠地超越大人所想的程度。對於孩子，我幾乎不需要說明。

反而是大人，有很多人為了要寫出具體內容，如果沒有讓他們看大量的說明、各種人寫出的範本，他們連想像都做不到。孩子們則是連範本都不看，就把腦子裡想到的、靈光一閃的，把許多開心的事直接都寫了出來。而且，他們也確實理解「為了這個目的，就一定要做這樣的事」，積極的程度連大人都感覺不好意思。

例如，有一位說「我想成為甜點師傅」的幼兒園女孩，在工作坊結束後就在家裡說「首先，我要在家裡幫忙做飯」，主動地選擇要在廚房幫忙；一個說「我將來要成為設計師」的小學女孩，則是為了要和崇拜的設計師相遇，想到「首先要先寫信」，

孩子們書寫人生願景的範例

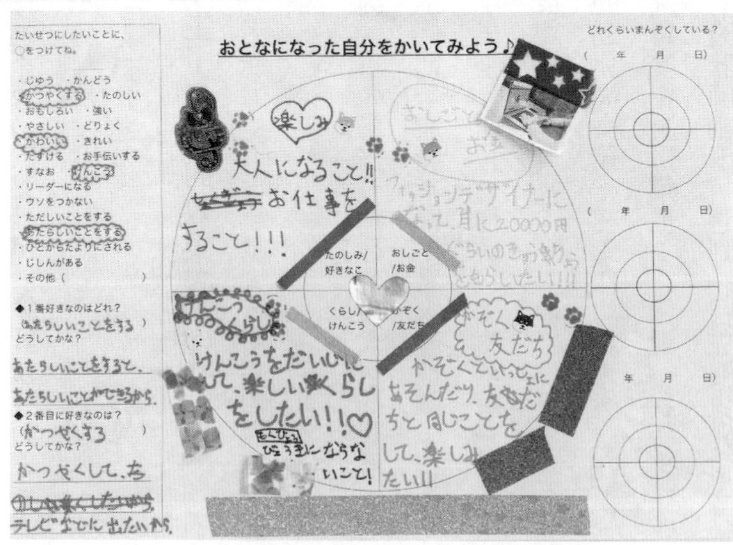

還有「已經想到要採訪的問題，就寫在筆記本裡」。

據說，某個小學女孩則是聽到媽媽「如果是這樣就好了。」這句話之後，就說：「寫在那本手帳裡不就好了嗎？寫了就會成真喔！」

過去曾經參加過工作坊的孩子們，年齡層從幼兒園到中學生都有，他們全都擁有夢想。所有家長看見自己的孩子前所未有的認真模樣，不僅大感驚訝，更且深深感動。不僅止於孩子們，看見述說夢想的孩子的大人們開始認為「我也要實現夢想」，心中也產生了巨大的變化。

6. 今後想要挑戰哪些事呢？

我希望在全國持續舉辦「親子一起逆算♪」課程。

如果「逆算手帳初級課程」的開發、銷售和研討會舉辦也能實現，那就更好了。

雖然現在我只舉辦了願景創作研討會，不過也希望舉辦以孩子為對象的計畫制定研討會，以及定期的報告會議「逆算 LABO 初級課程」。每天都笑咪咪地，凝視充滿

自己夢想的手帳——我希望讓這樣的孩子變得更多。

我要藉由大人專屬的研討會讓開心的大人變多，也要利用適合孩子的研討會，讓快樂的孩子愈來愈多。

第 5 章

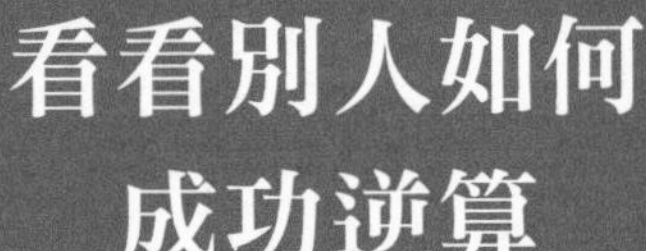

看看别人如何成功逆算

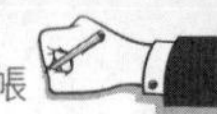

40 解決迷茫、壓力和自卑的三個案

從第二章到第四章，我逐一介紹了許多從未來往回「逆算」，再逐一踏實地實現的方法。在最後的第五章，讓我們透過三個模範個案，看看逆算手帳術的具體案例。

第一位是單身上班族，三十歲上下的A小姐。

她總覺得「這樣下去是不行的」。雖然會認為應該做些什麼比較好，卻一直都處於「飄忽不定」的感覺中，也不知道該從哪裡著手——A小姐就是從這樣的狀況中開始了。雖然也想要提升自我能力，但結婚的壓力一天一天變大，只要一想到結婚生子這些人生大事，就搞不懂究竟該如何制定「從現在開始要執行的計畫」了。

第二位是職業媽媽，四十歲前後的B太太。

因為要工作、做家事和育兒，她過著忙碌的每一天。雖然每天都看起來都很充實，卻覺得「這樣下去好嗎？我是不是有更應該做的事呢？」心裡有一股「模糊不清」的不安。好像有想做的事，又好像沒有。加上她經常被要做的事給追著跑，所以連要悠閒思考的心情都沒有，每一天就這麼過去了。

第三位是家庭主婦，五十歲左右的C女士。

她的育兒工作告了一段落，所以開始希望將原本一直以來的興趣——做麵包的專長加以發揮，並開一家店。只是，她的先生是上班族，親戚和朋友當中也沒有人自行創業。C女士自己在結婚之前，也只有一點點在公司任職的經驗。她的狀況是，完全不知道該怎麼做才能開業。儘管有想要嘗試的心情，卻沒有自信，因此變得膽怯。還有，雖然她沒有特別不滿，但也很在意自己「悶悶不樂」的心情而無法穩定下來。

三個人是如何消除「飄忽不定」、「模糊不清」、「悶悶不樂」的呢？讓我透過手帳的書寫案例為你介紹。

想改變現狀的三十歲上班族

A小姐是平面設計師。不知道為什麼就是想要改變現狀，於是決心試著減肥，並挑戰早起。

只是，這兩個目標都是抱持著「想再瘦一點」、「早起好像還是比較好」這樣含混模糊的心情開始的，她完全沒有幹勁。雖然她也在思考要提升自我，但具體上想要怎麼執行，她並沒有頭緒。

所以，她將「願望清單」寫出來，試著製作人生願景。結果，她關於工作的期待是「我想要能用自己的名字工作」；在私人生活部分，則是再次開始學生時代從事過

「十年逆算表格」的書寫範例和解說

具體地想像、描繪自己想在十年後變得如何。

10 Years GYAKUSAN
〈十年逆算表格〉

從這個目標往回逆算，並且在筆記欄位寫上家人的年齡等資訊，就更容易想像了。

請持續制定計畫吧！

	人生大事	工作職涯	學習・資訊發布	生活模式	旅行
2028年 37歲	搬到自己買的房子（有可以烤肉的庭院。距離好學校很近。）	想要能夠用自己的名字工作。以包裝設計師的身份為人熟知。	透過介紹世界的優秀設計作品，和各國設計師交流。	身邊有家人、夥伴包圍，總是熱熱鬧鬧地過日子。	一邊研究受當地人喜愛的商品設計，一邊遊覽十個以上的國家。
2027年 36歲					
2026年 35歲		自行創業？			
2025年 34歲	二寶出生				
2024年 33歲		休育嬰假，在家工作？	第二本 ↑		
2023年 32歲	大寶出生		↑		
2022年 31歲	結婚		出版包裝設計的書。	被喜歡的人包圍，舉行結婚派對。	到馬爾地夫蜜月旅行
2021年 30歲	⌉	挑戰包裝設計大獎	↑		到義大利、法國來一趟美食．美術．設計之旅。
2020年 29歲	具備工作實力。				逛逛北歐的超市。逛逛越南的雜貨店。
2019年 28歲	⌋	把自己想要專注在包裝設計的想法告訴主管	開始寫部落格，介紹國內、海外的優秀包裝設計作品。	升級為晨型人。再次開始打網球。	到台灣來一趟美食之旅。逛逛加拿大的雜貨店。

具體地想像十年之後的生活，再化為文字，就能看見自己「現在應該做什麼」。試著將結婚、生子這些還不能確定的事情也作假設並放入計畫，就會發現工作方法的檢視、海外旅行的計畫都無法往後延。

「一年逆算表格」的書寫範例和解說

先思考「年底時想要變得如何？」

1 Year GYAKUSAN 2019　具體地想像、描繪自己想在一年後變得如何。從這個目標往回逆算，再制定計畫吧。

〈一年逆算表格〉

	工作	部落格	研究設計	生活模式	旅行
願景	幸好有把自己想做的事告訴主管，想做的工作變多了。	已經有人對我說「我很期待妳部落格的新文章！」	可以鎖定「有興趣」這件事上了。	已經變成晨型人，因為打網球、慢跑，體力也提升上來了。	旅遊的主題、目的變得明確，所以可以展開深度之旅。
12月					
11月		加拿大報告			
10月			重新歸納設計的歷史。	早上慢跑	
9月				週末打網球	加拿大的超市巡禮（暑假）
8月			定期點閱國內、海外關於設計的部落格。		
7月	（申請暑假班表）	台灣報告			
6月	養成定時在一小時前到公司的習慣。			開始晨跑。	預約
5月		介紹喜歡的東西。（每週一次）	資訊整理		台灣美食之旅（黃金週）
4月				開始晨跑。	
3月	面談時，告訴主管自己想要專心從事包裝設計的工作。	開始寫部落格	將「想傳達什麼」具體化。	22:00以前睡覺。	預約
2月		進行設計、客製化。		習慣22:00以前睡覺。	製作「想去的地方」清單。
1月		討論部落格內容。		檢視時間的運用方式。	

原本模模糊糊地認為「早起好像比較好」、「想變瘦」的目標，透過具體地想像「希望變得如何」之後，目的也會更加清楚。並不是焦急地讓生活習慣突然產生變化，而是透過制定階段性變化的計畫，讓自己不感覺勉強地有所改變。

「每日願景」和「週間行程」的書寫範例和解說

首先，試著寫出「理想的一天」的時間運用方式。

和「現實的一天」比較，有哪裡不同呢？請試著分別思考平日和假日的行程。

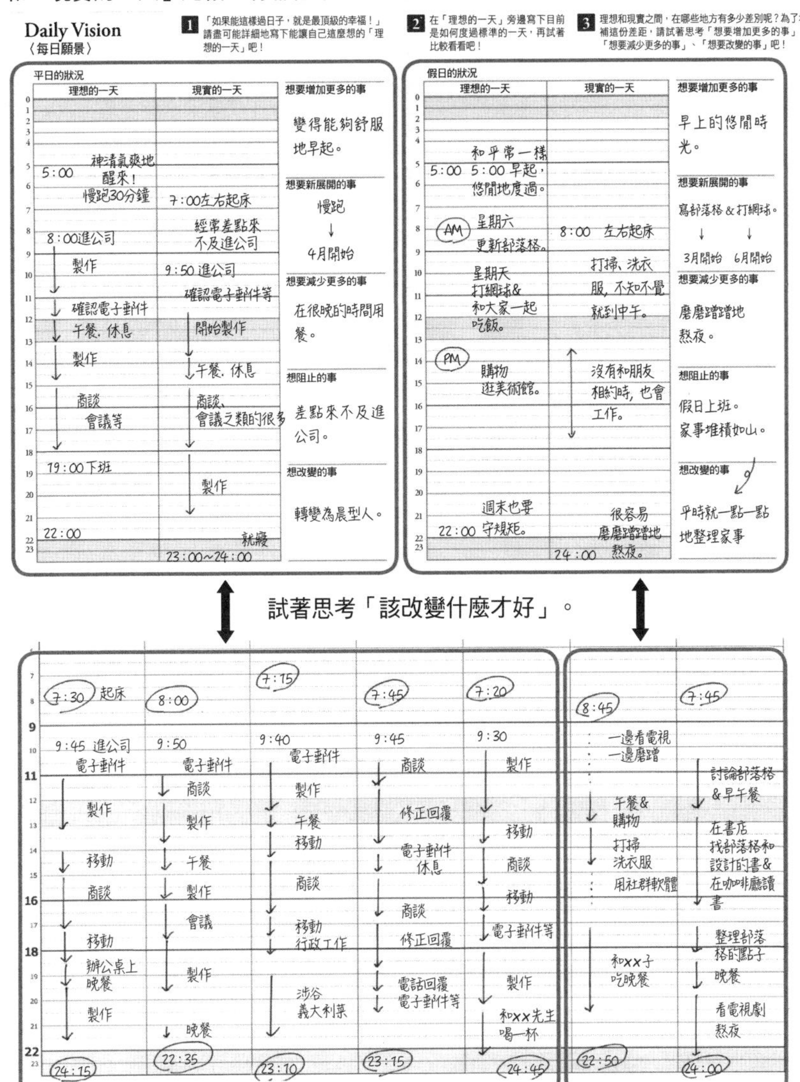

如果想要改變生活習慣，就將實際的時間運用方式記錄下來。

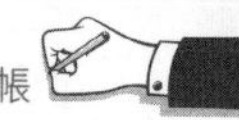

的網球運動，「我想透過興趣增加好友」、「週末想和好友開心地渡過」——A小姐看見了自己未來的模樣。

儘管她還沒有結婚的計畫，但她試著利用假設來制定十年計畫，於是「現在應該做的事」就變得具體了。

想要有屬於自己時間的四十歲職業媽媽

B太太無論工作、家事、育兒都非常努力，而且還不止如此，她也盡量定期和朋友相聚。儘管有更想做的事，在忙碌的每一天裡，她並沒有悠閒思考的空間。

然而，時間一轉眼就過去了，她也對此感到焦慮，想要確保能有屬於自己的時間。B太太從書寫「想做的事」清單開始。她瞭解到過去總以為自己「很忙」，但只要想騰出時間，就還是能騰得出來，於是人生願景、計畫制定也有了進展。

「專案計畫制定表格」的書寫範例和解說

Project Planning《Screening》 寫出所有想嘗試的事，透過熱情和對人生的衝擊來判斷，決定是否要執行。
此外，也要決定執行專案的優先順序喔！

What（想要實現怎樣的事）	Purpose（為什麼，為了什麼？）	Passion	Impact	Ranking
想要從事給予室內設計建議的相關工作。	我喜歡和人接觸，這也是很開心的一件事。我想要藉由最喜歡的室內設計，變得對人有幫助。	低 1 2 3 4 5 高 [5] 點	低 1 2 3 4 5 高 [5] 點	1 P+I=[10]
想要多來幾趟旅行。首先就是全家一起出國。其中也想要一個人去旅行。	因為想和許多人接觸。（所以想要變得能夠與人對話）	低 1 2 3 4 5 高 [4] 點	低 1 2 3 4 5 高 [3] 點	2 P+I=[7]
希望能輕鬆用英語把想說的話表達出來。	因為想要在旅行的地方和很多人聊天。	低 1 2 3 4 5 高 [3] 點	低 1 2 3 4 5 高 [3] 點	5 P+I=[6]
想改變客廳的室內設計。（現在很雜亂）	之前因為有孩子就放棄了，但還是很不喜歡這樣。	低 1 2 3 4 5 高 [4] 點	低 1 2 3 4 5 高 [2] 點	6 P+I=[6]
想要被人說「好漂亮的媽媽喔！」	雖然很容易因為忙碌而把自己的事往後延，不過還是很想維持美麗的外在。	低 1 2 3 4 5 高 [4] 點	低 1 2 3 4 5 高 [3] 點	4 P+I=[7]
無論是媽媽或妻子的角色，都希望能擁有自己的時間。	雖然不知道具體上想做什麼，但是希望可以騰出回歸自我的時間。	低 1 2 3 4 5 高 [3] 點	低 1 2 3 4 5 高 [2] 點	7 P+I=[5]
希望能做出可愛的便當。	希望讓孩子們在打開便當盒的那一瞬間綻放笑顏。	低 1 2 3 4 5 高 [4] 點	低 1 2 3 4 5 高 [3] 點	3 P+I=[7]

試著寫出想做的事、在意的事。
也要試著思考目的，想想為什麼要做這些事。

只要將「熱情」和「人生的衝擊」用五個階段來評價，再將分數合計起來，就能更容易地排出優先程度。

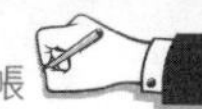

B太太試著書寫之後才明白一件事，原來自己「喜歡和人見面」。現在因為從事行政職，所以工作時間很有彈性，但她卻發現辦公桌工作並不適合自己。她開始希望從事更能與人接觸的工作，於是想要嘗試最喜歡的工作——室內設計顧問。因為過去自己也曾經幫助朋友挑選室內設計用品，對方非常開心。她還有其他想做的事，因此決定試著整理。

B太太原本是一位旅行愛好者，她回想起自從孩子出生之後，就不太能去旅行了，當時感到很不滿。現在孩子也長大了，感覺差不多可以來一趟全家人的海外之旅。全家討論之後，決定明年暑假就去夏威夷。

還有一個目標，她一直都想嘗試學習英文，這也變成全家要一起做的事了。她設定的目標是：在明年暑假以前，要讓自己能夠用英文購物、在餐廳點餐。

她決定「晚餐時要說英文」，還規定要是不小心說了日文，就要支付一百日圓作為罰款，用來補貼旅遊資金。全家人用一種玩遊戲般的感覺，一邊享受、一邊學習著

「十五個月和一個月的甘特圖」的書寫範例和解說

在 15 個月的甘特圖上，無論工作、私人生活中想做的事都要寫出來，利用「什麼時候該做什麼事才好？」這個問題來縱覽全貌。

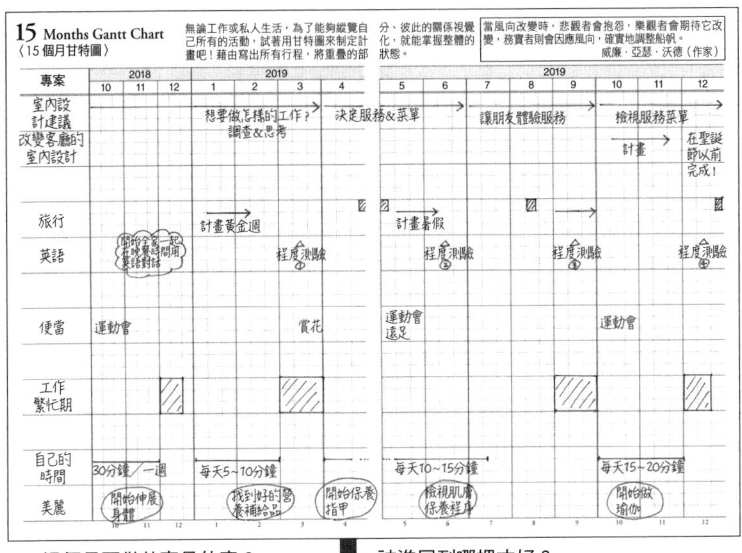

這個月要做的事是什麼？　　該進展到哪裡才好？

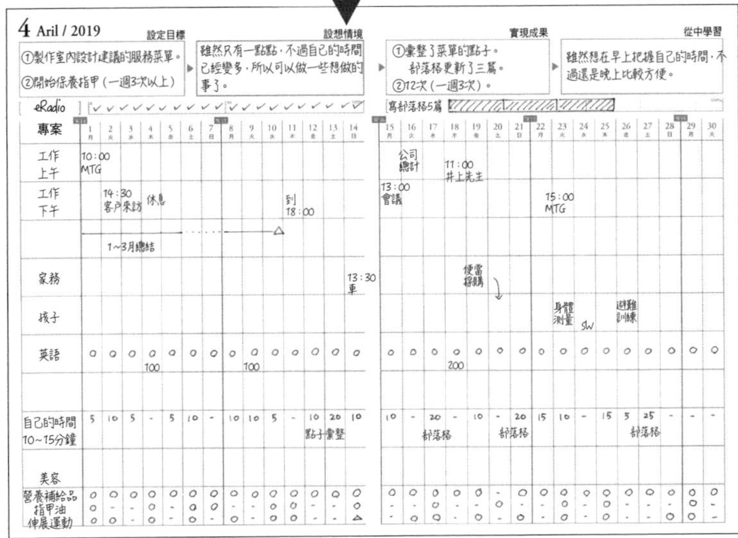

不只有預定事項，當是否執行完成的紀錄也放上去之後，就能更容易地確認進展狀況了。

英文。

過去B太太時常被要做的事情追著跑，當她試著把思緒整理在一張紙上之後，感覺也清爽了起來。她知道自己什麼時候該做什麼，也能預測接下來的事，心情就變得更開朗了。

想開店創業的五十歲家庭主婦

兩個孩子都上了大學，育兒生活也告一段落了。無論在時間上、心情上都有了空間，因此C女士開始思考，希望嘗試一些想做的事。

然而，「願望清單」卻一直都寫不出來。C女士一直以來總是以他人為優先在過日子，所以她已經變得不知道自己想要做什麼了。

出現在「願望清單」上的目標，也不是自己的事，淨是些希望為孩子做的事。

「不辦清單」書寫範例和解說

Do not List〈不辦清單〉

- 因為無法拒絕而購買不需要的化妝品。
- 試吃之後，原本要再吃一個，但覺得這樣不好，所以就買了下來。
- 被人拜託了「一點小事」，沒有仔細思考就答應了。
- 站著和別人閒聊很久。
- 觀賞並沒有那麼想看的電視節目。
- 帶了好幾張集點卡出門。
  ↓
  想讓錢包更加清爽。
- 很在意自己別人怎麼看自己。
- 找各種藉口。

只要試著寫出「不辦清單」，就會發現原來有很多事情雖然感覺討厭，卻無法完全拒絕。

不斷反覆做著討厭的事，自己也會瞭解「想要怎麼做」了

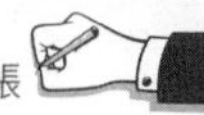

因此，我請C女士先寫出「不辦清單」。我請她把原本真的很討厭，但還是做了的事都寫出來。結果發現，她「討厭說不出『不』這個字的自己」。溫柔體貼的C女士發現自己不擅長拒絕別人的請託，而這就是她「悶悶不樂」的原因。C女士決定，從今以後要珍惜自己的心情和樂趣，並且要實現一個夢想，那就是——嘗試開一家偷偷嚮往許久的麵包店。

總是聽朋友講心事的C女士，毅然決定要把開麵包店的心願告訴朋友。大家都認為C女士的麵包非常好吃，所以都很開心。於是朋友們告訴她當地就有創業補習班，還有現在正流行的麵包店資訊，就這樣開始收集有幫助的資訊。

有一天，C女士透過認識的人引介，得知一位曾經創業開麵包店的女性。那位女性以前也是全職主婦，所以對C女士來說是很理想的前輩。儘管現在還有一大堆不懂的事，但她已經製作了一份屬於自己的創業計畫，也決定要去和那位女性見面了。

雖然直到實現開麵包店的夢想之前，看來還需要好幾年，但她擁有身邊的人支持和協助，正開始一點一滴地往前邁進。

「開業計畫」的書寫範例和解說 ①

開店以前的流程
①決定店家概念、店名、招牌商品。
製作事業企畫書。
②籌備開業資金。
③決定店鋪。
④決定商品菜單。
⑤取得必要的證書、認證。申報登記。
⑥尋找員工。
⑦進行廣告宣傳。

製作開業計畫時，首先要試著大致想出應該做的事。

想要創造怎樣的店？
小時候和媽媽一起來買，長大之後也會上門光顧的店。
幸福回憶的滋味 Happy Memory
定期就會想要吃。
忘不了的滋味。
留在記憶中的招牌商品。

「想要這樣做」的點子筆記，也要歸納進來。

問題清單
・開店之前最辛苦的事情？
・開店之後很不容易的事？
・如何找到進貨廠商？
・不同季節的營業額差距？
・可以與你討論事業企畫書嗎？

希望向人討教的事、一直很在意的事，都統整成問題清單。

「開業計畫」的書寫範例和解說 ②

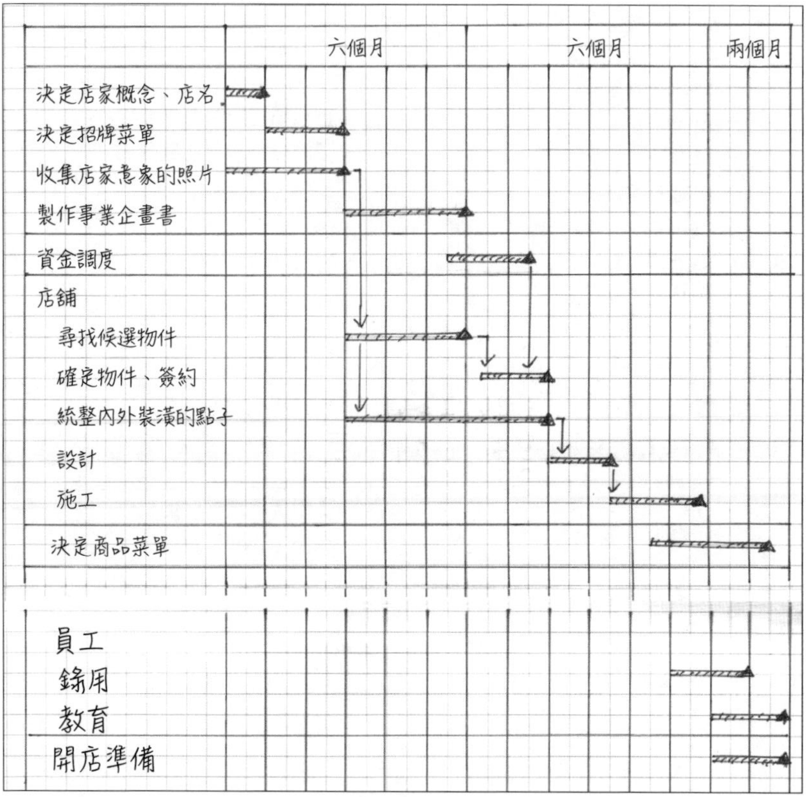

	六個月	六個月	兩個月
決定店家概念、店名			
決定招牌菜單			
收集店家意象的照片			
製作事業企畫書			
資金調度			
店鋪			
尋找候選物件			
確定物件、簽約			
統整內外裝潢的點子			
設計			
施工			
決定商品菜單			
員工			
錄用			
教育			
開店準備			

關於直到開業為止要做的事，嘗試預估大約需要的時間，再排定行程。

結語　逆算手帳就像人生地圖，幫你過上理想生活

你已經清楚地看見讓自己迫不及待的未來了嗎？

曾經「飄忽不定」的夢想、模糊不明的願望，是否已經變得具體了呢？

讓夢想化為現實的方法很簡單。將夢想和目標變得明確，從目標往回逆算，制定計畫，執行——就只是如此而已。

看見光明的未來、看見前往未來的道路，就能讓對於未來「模糊不清」的不安消失，「悶悶不樂」的心情也能輕鬆起來，於是心境就變得更加穩定。改變手帳的使用方法會改變生活方式，也和改變每一天的作息有所關聯。

並非一直在處理「非做不可的事」，就不知不覺地過了一年、兩年，而是轉變成將「想做的事」一件一件、踏實穩健地實現的生活方式，就能讓每一天都變得快樂。

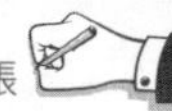

如果你還看不見未來，是因為關於理想未來的資訊還不足夠。怎樣的生活方式會讓你感覺很棒呢？請試著收集相關資訊。

我正在製作一份「精采人生的前輩」清單。

正在蒐集的資料有兩種，分別是「善於生活的人」和「超過一百歲的健康人士」。不只有從雜誌之類的媒體得來的資訊，我也正在紀錄身邊表現出色的人。在收集讓我感覺精彩的事物的過程中，我看見了對自己而言理想的生活方式。

並不是「就是這個才理想」這種由世界強迫給予的理想，請你找出自己心靈感覺到「真正的理想」吧！

電視和網路上播送的新聞，多半都是在煽動黑暗的內容，炒作對未來的不安。這和「持續吃下對身體不好的食物，身體就會變差」的道理相同，不斷輸入憂鬱的資訊，心靈只會變得更加沉重。

請將感覺到「光明未來」的事物都彙整在一本手帳裡。如同植物會趨光成長茁壯一般，我們也會因為朝向感覺迫不及待的未來走，而變得更有朝氣。

就像旅人會將地圖、指南針妥善地帶著走一般，也請你總是將寫了願景和執行計畫的手帳帶著走吧。

希望你藉著寫滿了「想做的事」的手帳，讓展露笑顏的時間變得更多了。

翻轉學系列 019

從未來寫回來的逆算手帳

利用「想像願景→計畫→行動」的反推習慣，讓你目標不失焦、心情不煩躁、做事不拖延

逆算手帳の習慣 ふわふわした夢を現実に変える

作　　者　小堀純子
譯　　者　黃立萍
總 編 輯　何玉美
主　　編　林俊安
責任編輯　鄒人郁
封面設計　張天薪
內文排版　黃雅芬

出版發行　采實文化事業股份有限公司
行銷企劃　陳佩宜・黃于庭・馮羿勳・蔡雨庭
業務發行　張世明・林踏欣・林坤蓉・王貞玉
國際版權　王俐雯・林冠妤
印務採購　曾玉霞
會計行政　王雅蕙・李韶婉
法律顧問　第一國際法律事務所　余淑杏律師
電子信箱　acme@acmebook.com.tw
采實官網　www.acmebook.com.tw
采實臉書　www.facebook.com/acmebook01

I S B N　978-986-507-033-5
定　　價　330 元
初版一刷　2019 年 9 月
劃撥帳號　50148859
劃撥戶名　采實文化事業股份有限公司
104 台北市中山區南京東路二段 95 號 9 樓
電話：(02)2511-9798　傳真：(02)2571-3298

國家圖書館出版品預行編目資料

從未來寫回來的逆算手帳：利用「想像願景→計畫→行動」的反推習慣，讓你目標不失焦、心情不煩躁、做事不拖延 / 小堀純子著；黃立萍譯．-- 初版．-- 台北市：采實文化，2019.09
248 面；14.8×21 公分．--（翻轉學系列；19）
譯自：逆算手帳の習慣
ISBN 978-986-507-033-5（平裝）
1. 理財 2. 投資
177.2　　108011492

翻轉學

翻轉學